Jean-Marie Élie Setbon

LE DÉSIR

UNE SACRÉE PUISSANCE

Solène Colombel

Introduction

Introduction

La question du désir a le mérite d'être posée et entendue. Il m'a semblé intéressant d'aborder ce thème inhérent à la nature humaine, et d'observer quelques variantes dans lesquelles il se décline. Quelle est la place du désir dans la société actuelle ? Comment le désir rejoint-il la réalité de chacun ?

Parmi les sujets développés dans ce livre, nous allons réfléchir au lien entre le désir et les émotions. Nous nous demanderons si la société, particulièrement la société française, influence nos désirs personnels, même si je suis chrétien(ne). Nous verrons également combien il est essentiel de créer l'envie de nourrir notre intelligence. Chacun de nous est appelé à s'instruire, en ouvrant un livre, en faisant des recherches sur internet, en écoutant des enseignements, en se mettant en quête de Dieu.

Nous avons été créés avec un esprit, une âme et un corps, et toutes ces réalités sont importantes. Tout au long de nos réflexions, nous allons étudier le lien entre la raison et le cœur. Il est un fait que lorsque l'âme désire se rapprocher de Dieu, l'intelligence va au-delà du raisonnement et évolue vers une contemplation des Splendeurs divines. Le cœur quant-à-lui, s'il désire en toute sincérité s'entretenir avec Dieu, va rechercher de manière intensive sa Perfection. N'oublions pas que dès la Création, Dieu a mis en nous ce désir d'aller vers Lui, d'avoir une relation profonde avec Lui. Cela va plus loin qu'une simple connaissance théorique, il s'agit d'une « nouvelle naissance » dans l'Esprit de Dieu. Chacun de nous a cette prédisposition innée de tendre vers Dieu. En tout temps, Dieu envoie son Souffle vers l'être humain pour le créer. L'homme a oublié ou occulté cette réalité. Comme Jésus le disait à la Samaritaine, nous sommes appelés à adorer Dieu en esprit et en vérité. Chacun est concerné par cet appel, peu importe sa condition. Nous prendrons ensuite le temps de réfléchir au thème du désir sexuel.

L'Église catholique a fourni plusieurs écrits sur le désir divin et spirituel, mais elle s'est intéressée assez tardivement à la réalité charnelle entre l'homme et la femme. La culture catholique a été fortement influencée par la notion de péché originel. Il a longtemps été d'usage de considérer la beauté de la sexualité uniquement lorsque celle-ci amenait la procréation. Nous pouvons noter une évolution et constater que certaines préparations chrétiennes au mariage abordent ce thème, même s'il est souvent conceptualisé. N'oublions pas qu'il est écrit en Genèse que l'homme est appelé à quitter son père et sa mère, à s'attacher à sa femme et à devenir une seule chair avec elle (Gn 2, 24). Il n'est pas question ici de procréation, même si ce thème sera d'une grande importance par la suite. Entre le risque d'une catéchèse sur la sexualité à outrance, et le risque que le désir sexuel soit un tabou, il est important de rappeler certains éléments fondateurs. La sexualité dans le couple est importante, que l'on soit croyant ou non. Nous ne sommes pas appelés à fuir le monde, alors voyons comment vivre nos désirs de la manière la plus juste possible.

Comme vous pourrez le voir dans ce livre, je remarque que la tendance naturelle est de désirer ce que l'on aime, ce qui nous manque, ce à quoi nous sommes attachés. Nous sommes tous des êtres en recherche d'amour ! Et il se trouve que l'amour humain est intimement lié au projet de Dieu pour l'humanité, il y participe. Cet amour humain ne pourra cependant jamais combler le désir plus grand d'une relation avec Dieu : « Mon âme a soif de Dieu, du Dieu vivant. Quand irai-je et paraîtrai-je devant la Face de Dieu? » (Ps 42, 2). Celui ou celle qui désire une personne et l'aime, va poser des paroles, des gestes et des actes de tendresse envers l'autre. Notre relation à Dieu va se nourrir de ce même élan de séduction réciproque qui précède une vie à deux et en permet la continuité. Les réflexions et les interrogations précédemment citées sont autant d'invitations à nous interroger sur le désir humain et le désir divin, en méditant l'harmonie subtile qui les unit.

I. Le désir dans notre réalité humaine

1. Désir et émotions

Les émotions font partie intégrante de notre vie, elles sont un intermédiaire privilégié entre le monde extérieur et la profondeur de notre être. Essayons de comprendre ensemble leur fonctionnement. Avez-vous remarqué que les émotions vont être vécues différemment selon la nature de chacun ? Une personne très sensible peut décider de refouler tout émoi afin de se protéger. Une autre personne vivant dans le concept, comme cela peut être le cas pour un intellectuel, aura tendance à tout analyser, y compris ses sentiments. L'émotivité extrême d'une personne, ou au contraire son manque d'émotion, peut constituer le symptôme d'une souffrance psychique. Est-il alors possible de dompter nos émotions et de les orienter ?

Nous avons effectivement la capacité d'exprimer nos émotions de manière positive. Nous le voyons dans différents domaines tels que l'art, le sport, la politique etc. Les émotions peuvent se transformer en source de créativité et devenir moteur. J'aimerais essayer de comprendre avec vous l'origine de nos émotions. Viennent-elles de nos expériences ? De notre nature ? De notre psychologie ? De notre personnalité ? De notre éducation ? Sont-elles influencées par l'économie, la politique, le social, l'humain ou encore le spirituel ? Si nous observons le monde qui nous entoure, particulièrement les médias, nous comprenons que les émotions humaines sont régulièrement stimulées dans un but marchand. Les campagnes publicitaires nous incitent à acheter tel ou tel produit, adhérer à tel ou tel message. L'idéologie du tout permis est même prônée, incitant parfois à une sexualité débridée.

Au-delà de toute propagande politique, commerciale, voire sectaire, comment gérer les fluctuations de nos états d'âme ? Comment ordonner ces émotions qui font partie de notre réalité ? Il semble évident que notre réalité et notre histoire personnelle dépendent de la culture du pays dans lequel nous sommes nés.

Nous sommes aussi influencés par les gens qui nous entourent, notre famille, l'environnement dans lequel nous évoluons. L'état d'esprit dans lequel nous vivons, les événements extérieurs vont également avoir de l'importance. Toutes ces influences vont-elles alors déterminer nos émotions et notre personne ? Afin de répondre à cette question, je vous invite à réfléchir à cette affirmation de Benoît XVI : « la Parole de Dieu est solide, Elle est la vraie réalité sur laquelle fonder notre propre vie » (Synode sur la Parole de Dieu, 6 octobre 2008). Si la Parole de Dieu forme l'histoire et la réalité, je réalise alors que mon histoire personnelle n'est pas le fondement de tout !

Benoît XVI nous demande un véritable effort de conversion : « Toutes ces choses qui semblent être la véritable réalité ne sont qu'une réalité de deuxième ordre. Celui qui bâtit sa vie sur ces réalités de deuxième ordre, sur la matière, sur le succès, bâtit sur du sable. Seule la Parole de Dieu est le fondement de toute la réalité ». Il ne s'agit pas de mettre en avant une religion particulière mais de revenir à la Parole de Dieu comme référence première. Nous voyons que nous sommes invités à revoir notre conception du réalisme.

Je pense ici à l'exemple de Pierre, dont nous connaissons l'amitié sincère qu'il portait à Jésus. Alors que Pierre se disait prêt à aller en prison et même à mourir pour Jésus, il a renié trois fois son ami. Que s'est-il donc passé ? Malgré la profondeur des sentiments du disciple pour son maître, Pierre a tout simplement été submergé par une émotion. Cette émotion, la peur, est allée jusqu'à faire défaillir sa foi et son premier engagement. Jésus connait la faiblesse de Pierre, c'est pourquoi Il promet de prier pour son ami afin que celui-ci puisse recevoir la mission d'affermir ses frères une fois converti (Lc 22, 31-34). Avec la grâce de Dieu, je peux moi aussi apprendre à vivre avec mes émotions, les apprivoiser et les orienter, afin qu'une fois canalisées, celles-ci participent au bien de l'humanité. Même si mon histoire personnelle s'exprime à travers mes émotions, je suis appelé à comprendre que la Parole de Dieu forme la réalité de mon existence, qu'Elle la créée : « La Parole de Dieu est le fondement de tout, Elle est la véritable réalité. Pour être réaliste nous devons compter sur cette réalité. » (Benoît XVI, *La Parole du Seigneur, Exhortation Apostolique*, p.24).

Que l'on soit croyant ou non, de sensibilité dite charismatique, de tendance traditionnelle ou progressiste, la Parole de Dieu rejoint notre réel, nos émotions, et plus encore, la Parole de Dieu est la véritable réalité ! C'est en prenant conscience de cela que je deviens réaliste : « La personne réaliste est celle qui reconnaît dans la Parole de Dieu le fondement de tout. ». Oui, la Parole de Dieu est le fondement de mon humanité, de ma réalité humaine et spirituelle. Lors d'un cœur à cœur avec Dieu, je peux demander la grâce de prendre conscience que la Parole est le fondement de tout. Si je ne suis pas dans cette prise de conscience, je risque de mettre de côté la réalité, l'aspect matériel et les sens, créant ainsi un fossé entre le spirituel et l'humain. Ce n'est pas ma vision du message du Christ, je considère que la Parole de Dieu rejoint toute mon humanité, ma réalité spirituelle certes, mais également humaine. Revenons aux paroles de Benoît XVI : « Lorsque l'on entre dans la Parole de Dieu, nous entrons réellement dans l'univers divin ». On pourrait croire que c'est un chrétien orthodoxe qui parle, car c'est un langage que nous n'avons pas l'habitude d'entendre dans les églises, mais il s'agit ici des paroles d'un catholique latin.

Oui, la Parole de Dieu est le roc sur lequel je suis invité(e) à bâtir ma vie. C'est ainsi que « nous sortons de l'étroitesse de nos expériences » (Benoît XVI). Ce que nous dit Benoît XVI est magnifique ! Ce qui me permet de sortir de l'étroitesse de mes expériences, c'est de rentrer dans la Parole de Dieu qui est la vraie réalité, le fondement de tout. Cela va en plus me permettre de rentrer dans l'univers divin. C'est superbe ! À travers cette rencontre d'ordre divin, je vais devenir véritablement être humain. Dans cette réalité que chacun de nous vit et que la Parole de Dieu rejoint, le désir va-t-il alors être défini comme une émotion ou un sentiment ? Une émotion est vécue avec une palette d'intensités diverses. Elle est éphémère, puisque définie dans un espace-temps déterminé. Le sentiment sera peut-être moins fort dans l'instant, mais plus ancré dans le temps. Il dépendra davantage de notre intelligence, de notre volonté qui décidera ou non de l'entretenir. Après cette réflexion menée avec vous, je pense que le désir est au-delà de toute émotion, de tout sentiment, de l'étroitesse de mes expériences. J'irai même jusqu'à dire qu'il est la Source !

2. Désir et philosophie

Dans la philosophie, le désir est une aspiration irrationnelle, insatiable, une tension vers un but considéré comme une source de satisfaction. Cette aspiration va impliquer la volonté de posséder un bien ou une personne auquel ma pensée accorde beaucoup d'intérêt et qui est supposé m'apporter une dimension positive. D'où vient le désir ? Il peut naître de cette envie de *posséder*, la Parole de Dieu nous le montre concrètement lors de la discussion entre Eve et le serpent : « La femme s'aperçut que le fruit de l'arbre devait être savoureux, qu'il était agréable à regarder et qu'il était désirable, cet arbre, puisqu'il donnait l'intelligence. Elle prit de son fruit, et en mangea. Elle en donna aussi à son mari, et il en mangea. » (Gn 3, 6). La notion de désir s'applique ici à un fruit appétissant, elle peut être utilisée dans de nombreux autres domaines, on parle de désir de reconnaissance, de vengeance, ou encore de désir sexuel. C'est une expression qui est également utilisée dans les discussions quotidiennes, « je désire un café », « je désire partir en vacances ».

Je souhaite mettre en avant le fait que lorsque le désir est canalisé de manière intelligente, il va tendre vers un épanouissement personnel et collectif. Cette tendance positive va se manifester dans l'envie de se réaliser dans le travail, d'avoir une famille épanouie, un cercle d'amis fidèles etc.

Prenons le temps d'écouter ce que les philosophes nous disent par rapport à ce thème. Intéressons-nous par exemple à Platon, philosophe antique de la Grèce classique bien connu. Bien qu'il ait eu des détracteurs, Platon a profondément marqué notre société et notre intelligence. Aujourd'hui encore, son influence est très présente dans de nombreux milieux chrétiens. Selon lui, l'unique désir vers lequel l'homme doit tendre est la recherche de la Vérité ! Il développe le fait que les désirs du corps, ceux qui vont naître de l'union entre le corps et l'âme vont faire obstacle, vont s'opposer à cette quête de Vérité par l'intelligence. Selon Platon, le problème résiderait dans le fait que les désirs du corps ne peuvent se taire. Sur ce propos, il développera l'allégorie de la caverne : « le tombeau de l'âme, c'est le corps ». Selon ce mythe, l'homme doit tout faire pour regarder son corps comme un tombeau afin de ne s'intéresser qu'à son âme.

Nombre de catholiques latins et de protestants sont toujours influencés, consciemment ou non, par cette théorie que Platon a développée. Pourtant nous verrons que la pensée juive héritée de la Bible, ainsi que la pensée divine dite biblique, sont très éloignées de cette dichotomie entre l'âme et le corps. Ce que nous pouvons déjà reconnaître dans la notion de désir, c'est qu'il peut être ressenti dans toutes les puissances d'âme. Il est possible d'être « troublé » par le désir, l'envie peut être envahissante, interférer avec le reste de l'existence et même rendre fou. Ce peut être le cas pour une personne qui ne pense qu'à ce qu'elle convoite, nourrissant des pensées de vengeance, de domination, voire même de meurtre pour arriver à ses fins. Les pages des faits divers des journaux sont remplies d'exemples de personnes ne pouvant canaliser leurs émotions et provoquant des drames. Ces exemples extrêmes montrent que le désir peut être ressenti corporellement mais aussi psychiquement, c'est-à-dire dans les différents domaines de la vie mentale, dans ses aspects conscients et/ou inconscients. J'irai même plus loin dans mon analyse, je pense que le désir lui-même est lié au plaisir.

Je m'explique, nous désirons quelque chose car nous imaginons que l'obtenir nous procurera un bien être. Dans ce cas, le désir lui-même peut devenir source de plaisir. L'un des problèmes qui se pose alors est la perte de liberté intérieure. Une telle spirale de soumission à des pulsions éphémères va entraîner une dépendance, une souffrance. Certains vont vouloir dominer leurs élans, les maîtriser, d'autres au contraire vont vouloir s'en détacher. Si une personne cède trop souvent au désir, cela risque d'enclencher en elle une montagne russe d'émotions et de frustrations, cela va la déstabiliser et mettre à mal sa paix intérieure. J'aimerais également attirer votre attention sur le fait que l'imaginaire peut jouer un rôle dans le désir. Lorsque l'imaginaire déforme la réalité d'un sujet, celui-ci devient alors un « fantasme ». Dans un tel cas, une personne va être attirée par la représentation qu'elle se fait de ce sujet. L'achat d'une maison par exemple peut être le fantasme de toute une vie, alors que parfois, le simple fait d'avoir un toit au-dessus de la tête et de vivre dans un habitat sain peut suffire pour vivre sereinement.

Nous comprenons ainsi que la pensée joue un rôle très important, elle peut attiser les braises ou le feu d'un désir, ou faire le choix de ne pas y accorder tant d'importance. Le désir n'a pas par lui-même la force de grandir et encore moins de passer à l'acte, d'entrer en action. En réalité, je ne serai véritablement influencé par ce que je vois que si j'y consacre mes pensées, ma force vitale. Je me souviens de ce midrash qui précise : l'œil voit et le cœur désire. Sur ce même thème, Jésus affirme que l'œil est la lampe du corps (Mt 6, 22-23).

Nous comprenons alors que si une personne choisit de penser à ce qu'elle a vu, elle met sa pensée au service du désir et son envie va augmenter. L'homme est un être relationnel, la vision, les sens, l'histoire et l'éducation nourrissent son humanité. Or « Tout m'est permis, mais tout n'est pas utile; tout m'est permis, mais je ne me laisserai pas asservir par quoi que ce soit. » (1 Co 6, 12).

3. Désir et Connaissance

Après avoir abordé le lien entre le désir et les émotions, puis posé un regard philosophique sur le désir, je souhaite maintenant aborder avec vous le rôle du désir dans le domaine de la connaissance.

Influences diverses

Nous vivons dans une époque de sécularisation. Cela signifie que l'organisation de la société, ainsi que sa finalité, sont déconnectées d'une quête de l'intelligence au sens large. C'est particulièrement le cas en ce qui concerne la recherche de Dieu. Notre intelligence et nos pensées sont influencées par la société de consommation et baignent dans le matérialisme ambiant. La réflexion et l'acquisition de nouvelles connaissances sont délaissées au profit de plaisirs éphémères et variés. Il se trouve que nous retrouvons ce problème dans les différentes sensibilités spirituelles.
Pour quelles raisons ? Certains pensent que l'intelligence ne peut atteindre le mystère de la Création, d'autres affirment qu'il ne faut pas conceptualiser Dieu.

Le problème est qu'en faisant le choix de délaisser l'intelligence, de ne pas la nourrir, ce sont les émotions et l'affectivité qui risquent de devenir les références premières. Nous comprenons alors pourquoi certains sont dans une quête effrénée de phénomènes surnaturels et de miracles. La Parole de Dieu nous met en garde contre cela : « Car il s'élèvera de faux Christs et de faux prophètes; ils feront de grands prodiges et des miracles, au point de séduire, s'il était possible, même les élus. » (Mt 24,24). Il est important de ne pas délaisser l'intelligence humaine qui fait partie de l'homme, tout comme son âme et son corps. Le désir naturel d'apprendre existe chez chaque être humain, et cela dès l'enfance. Nous le voyons dans l'éducation, la médecine, la science etc. Il est logique d'approfondir une discipline que nous apprécions, tel un sport ou un art.

Le païen et philosophe Aristote avait compris que le désir d'apprendre était naturel chez les enfants. Il a développé ce qu'on appelle la philosophie réaliste, qui consiste en une réflexion à partir du réel.

Il n'est pas le premier à avoir développé cette théorie puisque la Bible nous invite également à réfléchir à partir du réel et insiste sur la recherche de la Vérité, de la connaissance de Dieu. La Parole de Dieu a toujours professé l'existence de Dieu à travers le monde physique. Les psaumes sont largement inspirés des splendeurs de la Création. Nous développerons plus tard que Dieu se laisse voir à travers l'intelligence (Rm 1, 20). Chacun de nous est invité à faire fructifier son intelligence afin de comprendre à quel point les sciences humaines nous donnent un aperçu de la grandeur de Dieu. Pourquoi alors la recherche de Dieu dans le monde physique s'est-il étiolé ?

À mon humble avis, la Renaissance et le siècle des Lumières y ont largement contribué. Ces époques ont développé une relation ambigüe avec Dieu. L'intelligence et la raison humaine étaient alors exaltées au point de vouloir les mettre sur le même plan que Dieu. La raison est devenue à elle seule une divinité. L'homme voulait alors tout contrôler, y compris le mystère de la vie et de la Création. La quête de la relation à Dieu s'est amenuisée petit à petit. Le règne de la Raison avec un grand R vient effondrer le règne de la Religion avec un grand R.

La Bible est mise en doute et les références premières deviennent la science et la raison. Nombre de théologiens et d'exégètes expliquent à quel moment la Bible rejoint la science et justifient l'existence de certains versets bibliques, sous prétexte que la Bible pourrait être en contradiction avec les sciences humaines ! Posons-nous la question en tant que chrétiens : Où en est l'intelligence occidentale aujourd'hui ? Sommes-nous toujours influencés par cette histoire qui est celle de notre pays, de notre culture et de notre éducation ? Où en est ma réalité spirituelle ?

Je vais vous parler d'une autre influence, celle du philosophe très connu Emmanuel Kant qui a profondément influé sur l'intelligence occidentale à partir de la renaissance, au cours du siècle de la raison. Kant a fait le choix de dissocier la foi et la raison. Cela s'appelle le fidéisme. Dans le fidéisme, la foi est réservée à Dieu et se vit à travers les émotions et le spirituel, l'intelligence quant-à-elle est dédiée uniquement au domaine des sciences humaines. Je pense qu'il s'agit d'une vision erronée. Selon moi, cette théorie a engendré le développement de l'athéisme.

De nombreuses théories ont été développées par la suite, comme le déterminisme, le positivisme, le scientisme etc. La présence de Dieu est alors totalement mise de côté. L'intelligence ne tend plus vers Dieu. En fait, Kant et Descartes ont mis l'accent sur le fait de rationaliser. Est-ce que l'existence d'un Créateur dépend des capacités qu'a mon intelligence d'y consentir ? Non, l'univers nous donne la possibilité de connaître Dieu ! Afin d'étayer mon propos, je vais prendre un exemple concret, j'ai confiance en un ami car je sais qu'il existe. Ayant la certitude que cette personne existe, je décide ou non d'avoir confiance en elle. C'est exactement la même chose dans notre rapport avec Dieu. Pour avoir foi en Dieu, je dois intégrer le fait qu'Il existe. C'est pour cela que les versets de l'Ancien Testament parlent essentiellement de l'intelligence permettant d'attester de l'existence de Dieu. Et lorsque Moïse va reprocher au peuple hébreu de manquer de foi, ce n'est pas sur l'existence de Dieu que porte la réprimande, car les hébreux savent que Dieu existe, mais sur le fait qu'ils doivent avoir confiance en Dieu qui va agir dans leur vie.

Regardons également l'attitude de Jésus lors de Ses rencontres. Jésus demande d'avoir la foi. Qu'est-ce que cela signifie ? Tout simplement avoir confiance en Dieu qui agit, en être sûr. Les apôtres ne peuvent nier l'existence de Jésus qui est à leur côté, mais la véritable question de Jésus est la suivante : est-ce que tu crois que Je peux agir au nom de Dieu ? En as-tu la certitude ?

En fait, la Parole de Dieu ne met pas en confrontation la foi et l'intelligence humaine, bien au contraire, la foi et la raison vont s'unir, tel un couple appelé à grandir ensemble. Voici quelques versets qui témoignent de cette connivence entre l'intelligence et la foi :

« J'acquiesce à ton désir, je te donne un tel esprit de sagesse et d'**intelligence**, que personne semblable à toi n'a existé avant toi, ni ne se verra après toi. » (1 Roi 3, 12)

« Le commencement de la sagesse, c'est la crainte du Seigneur, et la connaissance du Très-Saint, c'est là la **saine raison**. » (Proverbes, 9, 10)

« Car la sagesse viendra en ton coeur, et la **connaissance** fera les délices de ton âme. » (Proverbe 2, 10)

« Et ces commandements que je te donne aujourd'hui, seront dans ton coeur. Tu les **enseigneras** à tes enfants et tu en parleras, dans ta maison, en voyage en te couchant et en te levant. » (Deut 6,7)

« Je prends plaisir à la bonté et non au sacrifice, je préfère la connaissance de Dieu aux holocaustes. » (Osée 6, 6)

« Mais sanctifiez dans vos coeurs Christ le Seigneur, étant toujours prêts à vous défendre (répondre), avec douceur et respect, devant quiconque vous demande **raison** de l'espérance qui est en vous. » (1Pi 3, 15) dans ce passage, Pierre nous demande d'avoir la foi, de la nourrir et d'être prêts à l'expliquer avec douceur et respect, avec notre intelligence.

Tu le vois bien, la Parole de Dieu qui transcende ne met pas en opposition la foi en Dieu et l'intelligence humaine.

La simple intelligence humaine nous aide à comprendre qu'il existe un Créateur !

De nombreux psychologues, ainsi que des rabbins, mettent en avant le fait que le développement de l'intelligence humaine est progressif.

L'intelligence s'affine grâce au langage, à la parole. Le langage est vraiment une spécificité de l'être humain, tout comme « le Langage » est une des spécificités de Dieu. Il est écrit dans la Genèse : **« Lorsque l'homme devient une âme vivante »** (Gn 2, 7, repris en 1Co 15, 45 et Jn 6, 63). À ce propos, un commentaire araméen met en avant le fait que l'homme devient une âme vivante lorsqu' **il devient un être qui parle !** Nous avons tendance à oublier que c'est grâce à Dieu que nous avons cette capacité de parler. N'oublions pas non plus qu'avant le langage, il existe la parole intérieure, celle-ci se développe grâce à la faculté de réfléchir, de raisonner.

D'ailleurs, pour les Pères de l'Église ainsi que pour certains rabbins, le fait que l'homme réfléchisse et qu'il soit doté d'intelligence nous renvoie à Dieu dont nous sommes « l'image ». Comment notre intelligence peut-elle alors rejoindre Dieu ? Dans l'Épître aux Romains, Paul annonce que notre intelligence adhère à l'existence d'un Créateur en observant la nature. En affirmant cela, l'apôtre ne demande pas d'émettre un doute, de comprendre un concept ou de caricaturer des croyances, mais plutôt de constater une évidence : il existe un Créateur !

« Car ce qu'on peut **connaître** de Dieu est clair pour eux : Dieu en effet les a éclairés. Car ce qu'il a d'invisible depuis la création du monde se laisse **voir à l'intelligence** à travers Ses œuvres, Son éternelle puissance et Sa divinité. Les êtres humains sont donc sans excuse. » (Romains 1, 19-20).

Ces paroles sont très importantes, Paul affirme que **la simple intelligence humaine nous aide à comprendre qu'il existe un Premier Créateur** !

L'apôtre ne parle pas de foi ici mais d'intelligence. Lorsqu'un athée dit ne pas croire en un Dieu Créateur du ciel et de la terre, je peux répondre que la foi n'est pas nécessaire pour affirmer qu'il existe un Créateur ! Effectivement, en observant les merveilles de la nature, l'anatomie ou encore l'astronomie, mon intelligence humaine a la capacité de voir Dieu ! Paul reprend sévèrement les païens qui n'utilisent pas leur intelligence et ne voient pas l'existence d'un Créateur dans toutes ces merveilles. Nous comprenons alors qu'il n'y a aucune contradiction entre la science et l'existence de Dieu, c'est l'intelligence humaine de certains qui a créé cette contradiction.

Science et Parole de Dieu sont au contraire appelées à fonctionner comme un couple au service de la Vérité. Mais n'oublions jamais, veillons pour ne pas tomber dans l'orgueil de l'intelligence ! Rappelons-nous que la Parole de Dieu dit clairement que l'initiative vient toujours de Dieu. C'est Dieu en premier qui éclaire notre intelligence et l'oriente. N'oublions pas non plus les propos d'Augustin : « Ce n'est pas nous qui possédons la Vérité après l'avoir cherchée, mais c'est la Vérité qui nous cherche et nous possède. ». Nous en avons parlé préalablement : **le cœur est appelé à s'incliner vers l'intelligence pour tendre vers la connaissance de Dieu et en témoigner**. Heureusement, certaines personnes ont toujours osé s'aventurer dans les questions de Transcendance. Des scientifiques et des médecins élèvent leurs voix et témoignent d'un principe créateur. Oui, nous l'avons dit, nous pouvons comprendre l'existence d'un Créateur par notre simple intelligence. **Le désir de mieux connaître Dieu prend racine dans le souvenir d'un Amour Parfait qui nous a créés, il s'agit de retrouver la nostalgie du Divin.**

La relation fraternelle, l'intérêt pour les sciences et la nature, tout est appelé à être éclairé par la Lumière divine, aimante et transcendante, du Créateur. C'est la raison pour laquelle le chrétien, ainsi que toute personne de bonne volonté, doit observer la société dans laquelle il ou elle vit. Regarde par exemple combien le fait de croire en Dieu faisait partie des habitudes dans les familles. La société a beaucoup changé et le sens du sacré s'est étiolé. Aujourd'hui, le chrétien est amené à réfléchir et trouver des argumenter pour expliquer sa foi. Alors bien sûr, il ne faut jamais rationaliser Dieu, car Dieu n'est pas un concept, mais nous sommes invités en toute simplicité à expliciter pourquoi nous croyons. La présence de Dieu est avant tout une réalité, une vérité dans nos vies. En regardant la société, nous voyons combien les crises la secouent. Je crois sincèrement qu'elles viennent de l'oubli du bien commun. Le bien commun que nous espérons s'exprimera en profondeur en prenant comme Dieu référence. Il ne s'agit pas d'utiliser le nom de Dieu pour influer sur le bien commun, il s'agit d'agir pour le bien commun au service de Dieu, pour sa Gloire. Le chrétien est invité à nourrir son intelligence pour enraciner sa relation, son plaisir en Dieu.

Il est appelé à trouver sa place dans la société, à répondre aux questions qu'on lui pose, à faire entendre sa parole dans les débats actuels. Dieu ouvre notre intelligence lorsque nous contemplons sa Parole, sa Création. Albert Einstein disait à propos de la nature : « L'harmonie des lois de la nature, dans laquelle se révèle une raison si supérieure que toutes les pensées ingénieuses des hommes ne sont en comparaison qu'un reflet tout à fait futile. » (*Comment je vois le monde,* Albert Einstein). Oui, la Sagesse de Dieu sera infiniment plus accomplie que n'importe quelle intelligence humaine. Cela nous invite à l'humilité. N'oublions jamais le mot d'Augustin : « Ne va pas au-dehors cherchant toi-même ; la Vérité réside en l'homme intérieur. ». Les germes de Vérité se trouvent en l'homme tant que son intelligence et son coeur sont en quête de Dieu ! Oui, je pense que **la finalité de notre intelligence est de connaître la Vérité d'Amour !** Plus je reçois la parole de Dieu, plus je La médite et j'en parle, plus mon désir de connaître Dieu va se développer et s'affiner. L'intelligence de tout être humain a le désir naturel de connaître le bon, le vrai et le beau, notamment à travers les sciences humaines.

Le problème est qu'il est facile d'éteindre ce désir, de le castrer ou de le remplacer par d'autres désirs éphémères.

L'idolâtrie toujours d'actualité

Le désir naturel de tendre vers la Vérité d'Amour peut être étouffé par l'esprit du monde par le biais de l'idolâtrie. Qu'est-ce que l'idolâtrie ? Cela peut être l'obscurcissement de mon intelligence, un attachement démesuré appartenant au monde ici-bas, ou encore les convoitises de mon cœur qui ne sont pas orientées vers Dieu mais plutôt tournées vers les soucis du monde ou l'imaginaire. Il est si facile de se laisser envahir par un sentiment ou une émotion. Souviens-toi des histoires de l'Ancien Testament, notamment dans le Livre de la Genèse. En cédant au tentateur et en voulant se prendre pour Dieu, l'homme a oublié le vrai Dieu. Le comportement idolâtre remonte dès l'origine, mais il est important de prendre conscience qu'il est toujours d'actualité. De nombreux progrès ont été réalisés dans l'étude des faits psychiques, des comportements et des processus mentaux.

Nous connaissons également mieux l'impact des pensées sur le corps, mais il existe toujours le risque de se complaire dans une forme de mélancolie ou dans une émotion particulière. Cette attitude peut tout simplement refléter une manifestation idolâtre ! Reprenons les notions d'émotions et de sentiments évoquées précédemment. De nature éphémère, l'émotion, plus ou moins intense, est provoquée par un événement, une parole ou un geste qui va me toucher et éveiller un trouble. Le sentiment quant-à-lui s'inscrit plus dans la durée. Quel rôle peut alors avoir mon intelligence face à ces émotions ou sentiments que je peux ressentir ? Il est intéressant de noter que mon intelligence et ma réflexion vont participer à la naissance du sentiment, à la manière d'une maman qui donne vie à un enfant. Si nous choisissons d'occuper nos pensées, nos capacités intellectuelles, au désir de connaitre le Créateur, de Le contempler, de Le méditer, d'y réfléchir, il sera plus facile de maîtriser nos émotions et notre vie portera du fruit. La saveur des fruits que sont l'amour et la crainte de Dieu (le désir de ne pas décevoir Dieu), va imprégner nos œuvres. Si mon intelligence désire s'unir à la Parole de Dieu, je vais vivre une fécondité.

Le fruit de cette union va s'inscrire dans la durée, porter une dimension divine. Une fois éclairée par la Parole de Dieu, mon intelligence engendrera une réalité de Vie divine en moi et cela créera un désir de l'accroître ! Et il y a urgence car Dieu dit : « Mon peuple meurt faute de me connaître. » (Osée 4, 6). Il est intéressant que chacun de nous se pose cette question : mon intelligence, ma pensée, mon langage tendent-ils vers l'esprit du monde ? Ou tendent-ils vers l'Esprit de Dieu ?

Je tiens à préciser qu'en nourrissant le désir qu'a l'intelligence de connaître Dieu, de Le contempler, de Le méditer et d'y réfléchir, je vais être protégé(e) de toute forme d'idolâtrie et ma vie va exhaler la fécondité. Dans notre quotidien, même si nous mettons concrètement notre intelligence au service du monde par le biais du travail, nous devons veiller à ce que nos capacités intellectuelles ne soient pas submergées par cet esprit du monde.

Cela implique des choix de notre part : « Faites donc mourir les membres qui sont sur terre : l'impudicité, l'impureté, les passions, les mauvais désirs, et la cupidité, qui est une idolâtrie. C'est à cause de ces choses que la colère de Dieu vient sur les fils de la rébellion.

Voilà quelle était votre conduite autrefois, lorsque vous viviez dans ses péchés. Mais maintenant renoncer à toutes ces choses, à la colère, à l'animosité, à la méchanceté, à la calomnie, aux paroles malhonnêtes qui pourraient sortir de votre de votre bouche.» (Col 3, 5-8). Il est important de ne pas se laisser submerger par les émotions, les désirs, il nous sera alors plus facile d'empêcher de mauvaises paroles de sortir de notre bouche. Paul nous demande de penser autrement, de renouveler notre pensée, notre intelligence : « C'est en Christ que vous avez été instruits à vous dépouiller, eu égard à votre vie passée, du vieil homme qui se corrompt par les convoitises trompeuses, à être renouvelés dans l'esprit de votre intelligence, et à revêtir l'homme nouveau, créé selon Dieu dans une justice et une sainteté que produit la Vérité.» (Eph 4, 22- 24).

En me préservant de l'esprit du monde dont je ne veux pas être esclave, j'emprunte un chemin pour recevoir la Lumière divine. J'expérimente une nouvelle naissance qui vient d'en haut, je vis une transformation et me revêts des attributs de Dieu. Je deviens un homme nouveau et tends toujours plus vers la connaissance de Celui qui m'a créé.

La Parole de Dieu appelle chacun de nous à marcher avec Dieu, dés ici-bas. Dieu vient sublimer notre intelligence sur le chemin de la foi.

L'Intelligence divine pour tous

Oui, Dieu nous permet d'accéder à une forme d'intelligence approfondie, une Connaissance divine. À ce propos, selon Paul, ce qui est de l'ordre du Souffle divin dépasse totalement l'intelligence humaine, et peut même être interprété comme étant folie aux yeux des hommes : « Mais l'homme animal ne reçoit pas les choses de l'Esprit de Dieu, car elles sont une folie pour lui, et il ne peut les connaître, parce que c'est spirituellement qu'on en juge. » (1 Co 2, 14).

Afin de recevoir un enseignement de l'Esprit de Dieu qui me dépasse, mon intelligence a besoin d'être renouvelée. C'est la raison pour laquelle Paul nous incite à chercher des réalités qui viennent d'en haut : « Affectionnez-vous aux choses d'en haut, et non à celles qui sont sur la terre. » (Col 3, 2). Les choses d'en haut rejoignent la Gloire de Dieu.

Selon toi, en quoi la Gloire de Dieu qui se trouve en Christ consiste-t-elle ?

Paul donne des éléments de réponse : « Je veux, en effet, que vous sachiez combien est grand le combat que je soutiens pour vous, et pour ceux qui sont à Laodicée, et pour tous ceux qui n'ont pas vu mon visage en la chair, afin qu'ils aient le coeur rempli de consolation, qu'ils soient unis dans la charité, et enrichis d'une pleine intelligence pour connaître le mystère de Dieu, mystère dans lequel sont cachés tous les trésors de la sagesse et de la science. Je dis cela afin que personne ne vous trompe par des discours séduisants. Car, si je suis absent de corps, je suis avec vous en esprit, voyant avec joie le bon ordre qui règne parmi vous, et la fermeté de votre foi en Christ. Ainsi donc, comme vous avez reçu le Seigneur Jésus-Christ, marchez en Lui, tant enracinés et fondés en Lui, et affermis par la foi, d'après les instructions qui vous ont été données, et abondez en actions de grâces. » (Col 2, 1-7). Cet appel résonne dans mon intelligence et éveille en moi le désir de mieux connaître Dieu, d'essayer de Le comprendre.

Ceci te concerne

Regardons ensemble l'invitation du Livre des proverbes : «Si tu rends ton oreille attentive à la sagesse, et si tu inclines ton cœur à l'intelligence. » (Prov, 2, 2). Cette proposition n'est pas seulement adressée aux prêtres, aux théologiens, aux professeurs et aux pasteurs, mais à chacun d'entre nous. Comment cela peut-il se réaliser concrètement dans ma vie ? Observons ensemble le dialogue entre le personnage historique Salomon et Dieu.

Un jour, Salomon devient roi et se retrouve au service de son peuple. Dieu s'approche de lui. Il lui demande ce qu'il désire :

«Demande ce que Je dois te donner.»

(1 R 3,5)

Imagine que Dieu te fasse cette proposition ! Que demanderais-tu ? La réussite ? L'argent ? Le bonheur ?

Voici la réponse de Salomon : «Donne à ton serviteur un cœur qui écoute». Cette réponse plut à Dieu.

Un cœur qui écoute, c'est un cœur pour comprendre. Le cœur au sens biblique indique le siège de l'amour et de l'intelligence, de la tendresse et du discernement, de la volonté également. Au quotidien, la connaissance de notre Dieu par le biais de sa Parole va m'emplir d'un désir encore plus ardent de L'approcher et de L'écouter, dans un cœur à cœur qui dure nuit et jour. Afin que notre intelligence s'ouvre aux Merveilles de Dieu, je t'invite à relire le début du Livre de la Genèse. Nous pouvons constater que Dieu créé le monde dans un ordre précis. Nous voyons également que l'homme a été créé à l'image de Dieu ; cette affirmation du livre de la Genèse nous aide à réaliser que dans notre nature même, nous possédons des qualités données par Dieu.

Ces puissances, ces attributs divins qui sont en nous, sont autant d'aspirations vers la Source, vers le Créateur.

Lorsque Dieu créé le monde, Il ordonne sa Création, tout est à sa place, l'espace, le monde marin, le monde végétal, le règne humain. L'Amour et l'Intelligence de Dieu se reflètent dans la Création, depuis les origines. L'amour et l'intelligence humains sont appelés à refléter Dieu Lui-même, tel un miroir.

C'est pour cela que notre être a le désir de communiquer avec le Créateur, par le biais de notre cœur, de notre intelligence, de notre corps et de notre esprit. En cherchant la Source, l'âme souhaite prendre conscience de sa mission ici-bas. L'intelligence humaine va toujours être en mouvement dans un désir de chercher Dieu, de tendre vers Lui. Mais notre intelligence reste limitée. Souviens-toi du miracle de Jésus lorsqu'Il ouvre l'intelligence aux pèlerins d'Emmaüs : « Notre cœur n'était-il pas brûlant en nous, tandis qu'il nous parlait sur la route, et qu'il nous faisait comprendre les Écritures ? » (Lc 24, 13-35). Jésus n'ouvre pas la volonté aux pèlerins d'Emmaüs, Il leur ouvre l'intelligence. Aujourd'hui encore, nous sommes en chemin, et notre intelligence participe pleinement à la réalisation de notre être en devenir, en tendant toujours plus vers la connaissance et la « ressemblance » de Dieu.

L'Intelligence divine cherche à nous rejoindre et cela créé un désir dans notre intelligence humaine.

La contemplation

La véritable nature de l'intelligence humaine peut être si facilement déviée de sa fonction première qui est la connaissance de notre Dieu et de sa Création. Il existe pourtant de nombreux moyens de formation, la lecture de la Parole de Dieu, de livres inspirés, la fréquentation de lieux de culte, l'écoute de conférences etc. Je t'invite à mettre ton intelligence au service du sacré. N'oublie pas, il y a notre intelligence humaine, il y a aussi la contemplation de l'Intelligence divine. Je souhaite prendre le temps d'aborder ce thème avec toi. La contemplation consiste à laisser notre intelligence s'imprégner du Souffle de Dieu. Comment ? Je vais prendre quelques métaphores pour illustrer mon propos. Il nous est impossible de regarder le soleil et ses rayons directement, au risque de nous brûler la rétine. Nous pouvons par contre observer les jeux d'ombres et de lumière qui sont la manifestation de la présence de l'astre solaire. De la même manière, il nous est impossible de contempler Dieu directement. Nous pouvons cependant observer la nature, le cosmos, et les créatures, car ils nous donnent un aperçu de la Présence de Dieu.

Dans le même esprit, Aristote comparait l'aveuglement des chauves-souris face au soleil, à l'aveuglement de notre intelligence en présence de la Lumière divine. Aristote ajoutait que plus les choses de Dieu sont élevées, plus elles sont lumineuses, et plus elles sont inconnues et obscures pour nous (*La Montée du Carmel*, Jean de la Croix).

Il est étonnant de voir que la Générosité et l'Intelligence de Dieu s'expriment de manière cachée : « Il n'est personne qui connaisse la route de la Sagesse et qui puisse en découvrir les sentiers. » (Baruch 3,23).

La contemplation est un moyen qui peut nous permettre de tendre vers une vie avec Dieu en plénitude.

En contemplant la beauté du fonctionnement de la nature et du corps humain, en mettant nos sens en éveil, nous pouvons recevoir la Lumière divine dans notre esprit, dans notre âme et dans notre corps.

Rappelle-toi ce que nous avons dit sur le désir d'union avec Dieu. Dieu peut Lui-même agir dans mon âme et dans mon esprit, dans le secret de mon intelligence. Pour Lui permettre d'agir, je dois juste Lui offrir mon attention.

Essayons l'exercice ensemble, faisons silence... Si je me sens parasité(e) par des pensées, je peux répéter une phrase ou un mot pour canaliser mon attention. Nous voici pleinement conscients de la Présence de Dieu, dans le silence de la contemplation. Plus mon intelligence entre en contemplation, plus elle se laisse instruire, et plus elle reçoit la Lumière divine et a un aperçu de la Perfection de l'Amour. L'âme se purifie, l'esprit goûte une félicité qui attisera l'envie d'y replonger. Les éléments extérieurs comme l'eau, le vent et les caresses du soleil, évoquent la proximité de Dieu. Ils sont une invitation à partager un mouvement de vie dans une danse mystique, dans une inspiration et une expiration rythmées par le Souffle de Dieu, dans le désir d'accueillir la Lumière. En s'exerçant à cette contemplation, à vivre le moment présent dans la prise de conscience de la Présence de Dieu, notre vie prend une autre dimension. Tu vas ainsi te rendre compte du caractère éphémère de cette vie ici-bas, et de l'importance de se recentrer sur l'essentiel, sur la Présence de Dieu. En regardant des émissions sur le cosmos, la nature ou encore le corps humain, et en te mettant en présence du Divin, tu peux également vivre une contemplation et remercier pour la Beauté de la Création. Plus notre être se met dans une posture d'accueil et de contemplation des manifestations de Dieu, plus notre désir de vivre un cœur à cœur avec Lui s'amplifie.

4. Désir et sexualité

À la base, le désir sexuel manifeste le désir d'entrer en relation avec un autre ou une autre et témoigne d'un désir beaucoup plus profond d'être en union totale avec celui ou celle que j'ai choisi comme mon bien-aimé ou ma bien-aimée. Pour arriver à harmoniser cette énergie sexuelle présente en nous, il s'agit de reconnaître nos manques sur le plan affectif, les difficultés relationnelles éventuelles, une absence subie dans la relation parent enfant, un manque de tendresse ou d'attention. Avons-nous eu la sensation de ne pas exister aux yeux de nos proches ? Ou avons-nous été rassasiés d'amour tel un nourrisson dans les bras de sa mère ? Cette image du nourrisson rassasié d'amour dans les bras de sa maman a été utilisée par le roi David pour parler de sa relation à Dieu (Ps 131,2). Il est important de prendre conscience que les blessures vécues dans notre histoire auront tendance à influencer nos désirs. La communication à outrance en matière de sexualité dans les médias pose également problème, et toute dépendance en la matière abîme la beauté de la dignité humaine.

Certaines pratiques, comme le plaisir solitaire, risque de freiner voire d'empêcher une relation authentique entre un homme et une femme. N'oublions pas de rendre grâce à Dieu pour nos désirs, sans oublier le désir sexuel qui est également un don de Dieu. Tout ce que Dieu a créé est bon. Il est important qu'un couple apprenne à assumer le langage du corps, qu'il apprivoise les pulsions afin que ceux-ci ne deviennent pas obsessionnels. Le désir représente avant tout un besoin d'unité. Il est évident que si le désir et la jouissance sexuelle doivent être accessibles à tout adulte, ils sont également appelés à être ordonnés à Dieu. À l'origine, le désir sexuel est appelé à être vécu pleinement et joyeusement. Nous pouvons remercier Dieu des trésors qu'Il prodigue à travers les sens et la Création. Vécus ainsi, le désir, la jouissance et l'amour vécus entre deux êtres vont devenir une véritable prière, une louange. Et cet acte de louange va avoir des répercussions sur la personne et sur le couple. L'amour exprimé charnellement va fonder l'être humain dans sa globalité. Il va également aider, s'il est vécu sainement, à former la personnalité du couple.

L'homme et la femme vont apprendre à se connaître l'un et l'autre dans la relation amoureuse. Ils vont devenir une seule chair, tel un chef d'œuvre divin. C'est pour cela que la sexualité est appelée à être vécue à deux et qu'il ne peut y avoir de sexualité épanouie solitaire. Pour vivre le désir puissant d'unité entre deux êtres, je pense important de respecter un temps de séparation des sexes, dans une juste distance. Pendre le temps de connaître l'autre, dans un temps de chasteté mais aussi de sensualité, qui va permettre de voir s'il y a une alchimie des corps, du cœur et de l'esprit, avant un engagement éventuel.

La tendresse et la confiance aideront la femme et l'homme à vivre une union en plénitude et en vérité. Les hommes ont créé cette magnifique institution qu'est le mariage, mais celle-ci a-t-elle toujours existé ? Le mariage tel que nous le connaissons est très tardif dans l'histoire de l'humanité. Dans la Parole de Dieu, le mariage a été institué à partir du deuxième temple, lors du retour des juifs de Babylone.

Le mariage ne devra bien sûr pas constituer un frein mais plutôt offrir un cadre permettant la transcendance de l'union entre l'homme et la femme.

Lorsqu'un couple fait le choix de cet engagement qui porte une dimension spirituelle, la relation entre les amoureux est exaltée par la Présence de Dieu. La rencontre entre les deux êtres est favorisée. Les deux corps, âmes et esprits vont s'unir en Présence de Dieu, dans une énergie profonde et divine. Les deux êtres vivront alors une réalité charnelle et spirituelle qui va exprimer les plus profonds désirs. Malheureusement, dans le monde dans lequel nous vivons, la conscience de la Présence de Dieu est souvent occultée, y compris dans la relation amoureuse. Lorsque la communion entre l'homme et la femme se traduit par la sexualité, il est important de prendre conscience que l'union va être intimement liée aux forces de vie que chacun porte intérieurement. Cette union va être également intimement liée au Divin. La prise de conscience de cette réalité fondatrice nous libère d'une sexualité d'esclavage telle que notre société moderne nous la présente, c'est-à-dire une sexualité mue par la seule et unique envie de satisfaire des besoins égoïstes. Avant le pêché, Adam et Eve ne vivaient pas égoïstement leur relation, même s'ils étaient nus, ils n'avaient pas honte.

Dans la relation amoureuse entre un homme et une femme, il existe une réelle diversité dans l'expression des émotions et du désir. Le Cantique des Cantiques évoque des jeux amoureux, des mises en scène. Les fantasmes également font partie de l'amour. Il est bien sûr primordial de ne pas faire violence à l'autre, Paul le dira concrètement. Selon l'apôtre, le corps de la femme ne lui appartient pas car il appartient à son mari. Il dira également à l'homme que son corps appartient à son épouse (1 Co 7, 4). Lorsqu'il est vécu dans un profond respect mutuel, le désir sexuel peut ainsi s'exprimer dans la joie, l'imagination, la fantaisie, le plaisir et la créativité.

Les personnes peuvent vivre une belle et tendre union dans un désir partagé. Essayons alors de comprendre comment nos liens affectifs peuvent être concrètement inspirés par la relation que nous avons avec Dieu.

II. L'Eternel Désirant

Nous ne pouvons parler des puissances d'âme qui animent l'être humain sans parler du Désir du Créateur pour sa Création dès l'origine. Le Désir de Dieu est inscrit dans le cœur de l'homme, car l'homme est créé par Dieu et pour Dieu : « Le Roi porte ses Désirs sur ta beauté. » (Ps 45, 11). Posant Son regard sur nous, Dieu a le souhait d'être en communication avec chaque être humain depuis les origines. Méditons ensemble le magnifique récit de la Création. Au commencement, Dieu a le Désir de créer le monde, la nature, l'être humain. Toutes les cellules du monde sont imprégnées de cet Elan divin. Dès l'origine, le Créateur regarde sa Création et affirme que tout est bon : « Dieu fit les animaux de la terre selon leur espèce, le bétail selon son espèce, et tous les reptiles de la terre selon leur espèce. Dieu vit que cela était bon. » (Gn 1, 25).

« Dieu vit tout ce qu'Il avait fait et voici, cela était très bon. » (Gn 1, 31), « Dieu fit pousser du sol des arbres de toute espèce, agréables à voir et bons à manger. » (Gn 2, 9). Qu'est-ce que la Création peut offrir en remerciement de tant de générosité sinon un hommage à son Créateur ? Les hommes s'y exercent à travers les âges, nous le voyons particulièrement dans la Bible. De nombreux psaumes exaltent le Seigneur à travers sa Création, regarde ces psaumes de louange : 8; 19; 29; 33; 100; 103; 104; 111; 118 ; 135; 136; 145 à 150. Dans le psaume 118 par exemple, tu pourras lire : « Louez l'Eternel, car il est bon, Car sa miséricorde durera toujours ! ».

Lorsque l'être humain glorifie le Créateur, cette glorification prend sa source en Dieu Lui-même. N'est-il pas magnifique d'observer ces hommages rendus entre le Créateur et Sa créature ? Entre la créature et son Créateur ?

Nous comprenons ainsi plus intimement les puissances intérieures d'exaltation présentes en chacun de nous.

Le désir de reconnaissance et de vie est particulièrement ancré en l'être humain, depuis son origine.

Continuons le récit de la Création, nous lisons que l'homme est créé à la ressemblance de Dieu : « Dieu créa l'homme à Son image, à l'image de Dieu Il le créa, homme et femme Il les créa. » (Gn 1,27).

Prenons conscience que l'homme et la femme sont faits à l'image de Dieu, cela est inscrit dans notre ADN. J'aimerais attirer ton attention sur le fait que dans la théologie mystique juive, la « dimension féminine » de Dieu se nomme Shekhina, qui s'écrit également Chekhina. Ce mot féminin hébraïque signifie Présence divine. Je te propose ici une petite analyse de certaines lettres hébraïques : Alef, Shin et la lettre Yod veulent dire « homme ». Voici les lettres hébraïques pour la « femme » : Alef, Shin et He. Regarde bien les lettres que l'homme et la femme ont en commun : Alef et Shin. Que veulent dire ces lettres ? Le feu. Et que signifient Yod et He qui sont les lettres restantes ? Dieu. Nous y voilà, **le Feu divin** !

Le Feu divin va constituer l'essence de l'union entre l'homme et la femme qui à la base étaient « un ». Quel va être l'élément déclencheur de cette union ? L'amour. Quelle va être la finalité ? Les fiançailles, les noces.

Je rappelle que chronologiquement, le récit de la Création de l'homme et de la femme se situe avant la notion même de péché. Dans la Bible, il est placé avant la désobéissance d'Eve et d'Adam. À la base, l'union entre la réalité masculine et la réalité féminine porte un caractère sacré et symbolise l'union entre Dieu et Sa créature. Cela évoque également la « réalité féminine » et la « réalité masculine » existant en Dieu. Nous comprenons alors ce désir fort chez l'être humain d'une communion, voire d'une union avec une personne de sexe différent. Regardons particulièrement le passage dans lequel Dieu créé la femme et l'amène ensuite à l'homme : « L'Eternel Dieu forma une femme du côté de l'homme, et il l'amena vers l'homme. Et l'homme dit : « **Voici cette fois celle qui est os de mes os et chair de ma chair** ! On l'appellera femme, parce qu'elle a été prise de l'homme. C'est pourquoi l'homme quittera son père et sa mère et s'attachera à sa femme, et ils deviendront une seule chair. » (Gn 2,22-24). Dans cet extrait, nous voyons que le premier réflexe de l'homme est de s'extasier devant cette créature que Dieu lui présente : « Voici cette fois celle qui est os de mes os et chair de ma chair ! ».

Il s'agit ici du **premier chant d'amour d'un homme pour une femme** ! L'homme sort de lui-même et accède à son identité personnelle en tendant vers cette communion voulue par Dieu. L'être humain dans sa globalité, c'est à dire avec ses forces, ses facultés et ses émotions, va exprimer un désir conscient ou inconscient de communion, d'unité. C'est dans le Projet de Dieu pour sa Création.

Nous voyons bien que le corps humain est conçu pour entrer en relation avec l'autre, pour aimer. L'amour vécu et partagé entre deux êtres devient une exaltation réciproque inspirée de l'Amour fidèle entre le Créateur et sa Création. En pratique, cela demande que le corps et l'esprit soient en harmonie. Est-ce que les gestes de mon corps correspondent à ce que mon cœur ressent ? À un amour véritable que je partage avec l'autre ?

Revenons à la Parole de Dieu. Il est intéressant de constater que nous trouvons dans la Bible des passages décrivant des vins capiteux, des banquets et des allusions au plaisir. En fait, la Parole de Dieu ne parle pas du plaisir pour lui-même, mais Elle décrit plutôt ce que l'amour entre un homme et une femme est censé être. La sexualité entre l'homme et la femme porte un caractère sacré.

Le chant d'amour de deux amoureux est relié aux forces de vie, au Souffle originel créateur. La beauté et l'authenticité d'une union bien née rendent hommage au Créateur. C'est pourquoi les publicités et les modes vestimentaires qui véhiculent trop souvent une image du sexe basée sur l'instinct déforment la valeur intrinsèque de l'être humain selon le Projet de Dieu. L'être humain n'est pas esclave au service du plaisir, mais le plaisir est un moyen de remercier Dieu pour les bienfaits qu'Il accorde. À la lumière de ce que nous venons de partager, nous comprenons pourquoi il y a un désir conscient ou inconscient chez l'être humain d'entrer en union avec un « autre » et de s'unir à sa Source première qui est Dieu. La soif de Dieu, le désir du beau et du bon sont inscrits dans le cœur de l'homme. Nous l'avons dit, l'homme est créé par Dieu et pour Dieu, à Son image et à Sa ressemblance.

Le Seigneur ne cesse d'attirer l'homme vers Lui, et ce n'est qu'en Lui que l'homme trouvera la Vérité et le Bonheur qu'il ne cesse de chercher. À propos de ce lien fort qui unit la créature et son Créateur, l'apôtre

Paul affirme que l'homme est la Lettre de l'envoyé de Dieu, c'est-à-dire Jésus : « Vous êtes manifestement une Lettre de Christ, écrite, par notre ministère, non avec de l'encre, mais avec l'Esprit du Dieu vivant, non sur des tables de pierre, mais sur des tables de chair, sur les cœurs. » (2 Co 3, 3). Essayons de comprendre cette métaphore utilisée par Paul. Les lettres que j'utilise pour m'exprimer sont la manifestation de ma pensée, n'est-ce-pas ? Comme il est beau de réaliser que je suis **« la Lettre »** du **Messager de Dieu**, « la lettre » de Jésus. Je suis le moyen par lequel la bonté, la justice, la volonté, le désir d'être en lien et l'intelligence de Dieu vont s'exprimer dans le monde, dans sa Création. L'âme, le cœur et l'esprit d'un artiste ne s'expriment-ils pas à travers son œuvre ?

Le « Cœur » de Dieu va se révéler dans la nature, dans l'être humain, dans l'infiniment petit et l'infiniment grand. Oui, la nature est la Signature même de Dieu et l'homme est appelé à être **« la Lettre »** de Dieu. Tous deux sont un canal pour participer à Sa louange. Paul confirmera dans la 1re Épître aux Romains que Dieu se laisse voir, qu'Il se manifeste à travers l'intelligence humaine.

« En effet, ce qu'on peut connaître de Dieu est clair pour eux, Dieu lui-même le leur ayant fait connaître. Car, depuis la création du monde, les perfections invisibles de Dieu, **Sa puissance éternelle et Sa divinité se voient dans Ses oeuvres** quand on y réfléchit. »

(Rom 1, 19-20).

Alors que certains philosophes définissent l'homme comme un animal raisonnable, un animal qui réfléchit, certains religieux ou mystiques avancent l'idée que l'homme est un animal religieux, un être religieux dont l'humanité tend vers Dieu.

En tant qu'êtres reliés à Dieu, on peut dire que l'homme et la femme possèdent en eux une soif de Dieu. Un problème va alors se poser : **comment ordonner ce désir présent en l'être humain dès la Création selon la Volonté divine** ? Pour tenter de répondre à cette question, j'aimerais te rappeler les définitions d'Eros et d'Agape. Le terme grec Eros désigne l'amour charnel, le désir sexuel. Agape définit l'amour divin entre frères et soeurs. Eros et Agape trouvent leur origine en Dieu et font partie du plan du Créateur pour l'humanité. Ils sont néanmoins définis et vécus par chacun en fonction de sa propre histoire, de son éducation.

Selon moi, Eros et Agape vont constituer les côtés pile et face d'une même pièce. Ils trouvent tous les deux leur origine dans la Création divine et ont pour finalité la rencontre avec Dieu. Il est important alors de comprendre que la responsabilité des personnes est engagée dans une relation, qu'elle soit Eros ou Agape. Pourquoi ? Souviens-toi que Dieu confie la Création à l'homme : « Tu domineras la terre. » (Gn 1). De la même manière, Dieu confie le désir à l'être humain, tel un précieux trésor. L'homme devient ainsi l'associé, l'intendant, le serviteur et l'ami de Dieu dans Son projet pour la Création.

Est-il besoin de rappeler que l'être humain est la créature qui dépasse en dignité toute la Création ? Même les anges et les archanges sont à son service. Eros et Agape vont venir fonder la responsabilité de l'être humain. Chacun devra veiller à ne pas s'éloigner de la Source divine et à prendre conscience de la beauté de la dignité humaine.

La beauté et le caractère sacré du désir viennent tout simplement témoigner de la Puissance de Dieu. Lorsqu'il est vécu pleinement sous le regard de Dieu, l'amour Eros est un ornement qui embellit l'âme.

Il offre un témoignage de ce que Dieu a voulu donner à l'homme, car en y réfléchissant bien, Dieu aurait pu créer l'homme autrement. Il y a là un acte de louange véritable. Nous sommes loin du blâme ou de la honte concernant le désir sexuel. Ce sujet ne devrait pas être tabou ou dénigré, mais la religion doit le reconnaître et l'étudier, la religion catholique bien sûr, mais aussi les autres sensibilités chrétiennes.

Revenons au Désir de Dieu pour sa Création. Nous pouvons nous interroger sur les raisons qui ont poussé Dieu à créer le monde, l'être humain. Un midrash nous précise que Dieu a eu le Désir de créer le monde afin de faire Sa maison ici-bas, afin que nous devenions Sa maison. Un autre midrash explique que la finalité de la Création est l'expression de la Bonté et de l'Amour divin. Cet élan du Créateur vers l'être humain ne vient pas d'un manque chez Dieu puisque Dieu ne manque de rien. Cela reste un mystère. L'Amour du Seigneur pour Sa créature s'approfondit dans le temps. Le désir de communion s'intensifie. Pour nous rejoindre, Dieu va utiliser plusieurs approches et pédagogies. Certains passages de la Bible le développent.

Nous le voyons à travers l'histoire d'Abraham, la sortie d'Égypte, le don de la Torah, l'ordre de faire un sanctuaire afin que Dieu réside parmi nous, le 1er temple, le 2ème temple, la venue des prophètes, la vie de Jésus qui témoignera de l'Amour parfait dans ce bas-monde. Nous sommes appelés à une véritable métamorphose, une transformation intérieure en vue de faire un avec Dieu : « Je suis à mon bien aimé et mon bien aimé est à moi. » (Ct 2, 16). L'aimant va alors se transformer en celui qu'il aime. Nous comprenons que ce souhait divin de communion dépasse complètement notre raison ! Il est pourtant ancré en nous. Il ne vient pas d'un manque. Lorsque Dieu crée l'homme, Il le crée avec cette capacité à accueillir l'aspiration divine en lui. Cette réalité peut dépasser tout manque de nature humaine. L'homme peut ensuite exprimer cette dimension divine dans le monde. Il est extrêmement important de méditer cela, d'essayer de comprendre et d'assimiler que Dieu nous crée avec une soif de L'accueillir.

Tout se joue dans l'accueil, l'accueil de Dieu, de l'autre, du désir de communion. Il existe une réalité charnelle de l'être humain, il existe également une réalité divine.

L'être humain possède un corps, il possède aussi une âme et un esprit. Demandons à Dieu la grâce que notre réalité charnelle soit tournée vers Dieu, vers le Divin présent en nous. Nous voyons bien qu'il ne s'agit pas de créer une rupture entre la raison et le désir, entre l'âme, l'esprit et le corps. Il ne s'agit pas d'une morale qui encouragerait le blâme, le dénigrement, le refoulement, la fuite ou encore le jugement. Il s'agit de prendre conscience que Dieu a mis en nous une soif de Le connaître, de vivre en plénitude avec Lui, et cette soif peut être intense. Il convient de distinguer un plaisir éphémère et superficiel d'un désir plus ancré dans notre dimension divine, vécu et exprimé avec notre corps, en lien avec la personne que nous sommes appelés à devenir, sous le Regard aimant de Dieu. L'être humain à soif de Dieu, il attend la résurrection, l'unification de son âme et de son corps en plénitude. À la lumière de ce que nous venons de partager, nous comprenons que le désir charnel laisse deviner une réalité plus intérieure, une dimension divine. Toutes les cellules du cœur, du corps, de l'intelligence et de la sensibilité sont appelées à vibrer d'une union mystique : "Mon âme est attachée à Toi, Ta droite me soutient. " (Ps 62, 9).

À moins que Dieu ne le permette, cette union ne pourra être vécue pleinement. Nous serons effectivement toujours dans l'attente : « Dans une course, indiquez-moi où vous vous nourrissez, où vous vous reposez au milieu du jour. » (*Cantique spirituel*, Jean de la Croix). L'amour, qu'il soit humain ou divin, crée une tension vers un autre ou Autre. L'envie de voir son bien-aimé et en même temps l'envie de l'avoir à ses côtés prédominent. De nombreux exemples dans la Parole de Dieu témoignent de cette vocation de la personne à s'épanouir dans la relation à l'autre et dans la relation à Dieu.

Célébration du Désir

Alors que nous abordons le thème du désir dans la Bible, je pense important de rappeler ce qui précède le désir : l'amour. Il est effectivement logique que notre intérêt se porte vers ce que nous apprécions, ce que nous aimons voir, entendre, sentir et toucher. Une personne peut « fondre » d'amour pour son bien aimé, le rechercher, l'entourer de son affection, vivre ce désir en profondeur. Plus le désir est assouvi, nourri, plus la personne est comblée.

Puis le désir va se manifester de nouveau. Les amoureux expérimentent cette joie sur le plan humain. Une fois l'harmonie, la paix et la joie trouvées dans une relation, une quête inlassable de ce bien-être va se mettre en place. Pour celui qui aime, la recherche d'intensité dans la relation peut devenir un « supplice ». La personne va vouloir revivre la même intensité, les mêmes bienfaits. Lorsque le désir est intense, plus rien autour ne semble compter. Sur le plan divin, dans ma relation à Dieu, l'envie d'aimer fonctionne de la même manière. Plus nous vivons une relation intime avec Dieu le Père, plus notre âme est rassasiée, et plus elle va être en attente d'une nouvelle union. L'âme retrouve effectivement le lien originel avec son Créateur. Rappelle-toi le Souffle que Dieu insuffle dans les narines de l'homme dans le livre de la Genèse : « Dieu forma l'homme de la poussière de la terre, Il souffla dans ses narines un Souffle de vie et l'homme devint une âme vivante. »(Gn 2,7). L'âme trouve son origine radicalement et naturellement en Dieu, comme toutes les choses créées. Paul affirme : « Car en Lui nous avons la vie, le mouvement, et l'être. C'est ce qu'ont dit aussi quelques-uns de vos poètes: De Lui nous sommes la race... » (Ac 17,28).

En la Source de Dieu résident notre âme, notre esprit, mais aussi notre mouvement et notre être, c'est-à-dire notre corps. Cela nous rappelle les propos de David dans un psaume que nous allons bientôt méditer : « Mon corps Te languit. »(Ps 62). Regarde aussi les paroles de Jean : «Ce qui fut en Lui était la Vie. » (Jn 1, 3-4). Notre esprit réalise qu'il a sa vie naturelle de Dieu.

Cette compréhension du caractère divin qui nous habite amène également une blessure : la fragilité de notre corps mortel ne peut jouir pleinement d'une vie si forte, si vraie et si savoureuse à laquelle elle est appelée en Dieu, par nature et par amour.

David affirmait à ce propos : « Mon âme s'épuise en soupirant après les parvis de Dieu; mon cœur toute ma personne célèbrent le Dieu Vivant. » (Ps 84,3). Le désir de Dieu grandit de plus en plus en l'âme docile à la félicité divine. Mon âme a soif de toi Seigneur. Dieu est présent en nous mais cette Présence est cachée : « Mais tu es un Dieu qui te caches, Dieu d'Israël, sauveur! » (Es 45, 15). Bien que la dimension divine soit cachée, l'âme sent en elle les braises d'un véritable délice.

Quelle joie de découvrir un tel trésor en soi, un trésor naturel, spirituel, affectif, d'une beauté transcendante. L'âme est alors attirée, emportée avec force dans une spirale aimante et lumineuse. Rien d'autre ne peut la combler, pas même la vie terrestre. Réalises-tu que notre âme, notre personne, peut vivre ici-bas un avant-gout de la Gloire de Dieu et entrer dans cette vie de Gloire ? Pour illustrer cette union amoureuse, je vais te parler d'un livre de l'Ancien Testament, le Cantique des Cantiques.

Ce livre contient une suite de poèmes, de chants d'amour. Le couple prend à témoin d'autres personnes et des éléments de la nature. Rabbi Akiva, considéré comme l'un des fondateurs du judaïsme rabbinique. Il voit dans le Cantique des Cantiques une déclaration symbolique de l'Amour de Dieu pour Son peuple Israël. Ce livre est d'ailleurs récité lors de Pessah, c'est à dire la Pâque juive. Je te propose de prendre la Bible et d'en lire des extraits. Regarde le texte en considérant qu'il s'agit d'un dialogue entre le Créateur et sa créature. Médite par exemple cette affirmation de Dieu transcrite par l'auteur du Cantique des Cantiques : « Je suis à Mon bien-aimé, et son désir se porte vers Moi. » (Ct 7, 10). L'idée que Dieu est à Son bien-aimé est clairement annoncée.

Qui est ce bien-aimé ? Toute âme de bonne volonté qui reconnait en Dieu la Source de la Vie et de l'Amour. En comprenant la beauté et la profondeur du lien qui l'unit à son Créateur, le bien-aimé va tout naturellement se tourner vers Lui. Ce passage nous apporte une lumière essentielle sur ce qu'une relation amoureuse entre un homme et une femme est appelée à être, sur le véritable Amour que Dieu éprouve pour Sa créature. De quelle nature est cet Amour entre le bien-aimé et son Créateur ? L'âme, semblable à l'épouse, cherche son Époux avec avidité, avec un appétit viscéral, elle s'exclame dans le Cantique des Cantiques : « Dis-moi, ô Toi que mon cœur aime, où Tu fais paître tes brebis ? » (Ct 1,7). L'épouse désire découvrir la demeure de l'Époux. Elle court après Son bien-aimé !

Tant qu'une personne n'assouvit pas son désir, elle sera toujours en attente, dans une course, « indiquez moi où vous vous nourrissez, où vous vous reposez au milieu du jour. » (*Cantique Spirituel*, Jean de la Croix). Dans ce passage, la fiancée veut savoir où se trouve Dieu, où Il se nourrit. Le lieu du repos et l'allusion au repas annoncent la jouissance des retrouvailles.

L'épouse cherche la Présence de l'Époux, elle désire découvrir sa demeure. Elle court après son bien-aimé ! Je pense que Moïse a également expérimenté cette quête sur le mont Sinaï. Il était en présence du Seigneur, il vivait des réalités divines incroyables. Il a alors fait une demande à Dieu : « Montre-moi ta Gloire ! » (Ex 33,18). Voici la réponse de Dieu : « Nul ne peut voir ma Face et vivre. » (Ex 33,20). Cette réponse va attiser un désir plus grand et plus intense chez Moïse.

Tout comme Moïse demande à voir la Face de l'Éternel, un autre homme demande à voir Dieu, il s'agit de Philippe. Philippe demande à Jésus de lui montrer Dieu, communément appelé le Père dans la Bible : « Seigneur, montre-nous le Père, et cela nous suffit. » (Jn 14, 8). Jésus entend la demande de cet homme et répond : « Il y a si longtemps que Je suis avec vous, et tu ne M'as pas connu, Philippe ! Celui qui M'a vu a vu le Père; comment dis-tu: Montre-nous le Père? Ne crois-tu pas que Je suis dans le Père, et que le Père est en Moi ? Les paroles que Je vous dis, Je ne les dis pas de Moi-même; et le Père qui demeure en Moi, c'est Lui qui fait les œuvres.

Croyez-moi, Je suis dans le Père, et le Père est en Moi; croyez du moins à cause de ces œuvres. » (Jn 14, 8-11). Jésus entend la défaillance de l'être qui cherche Dieu par amour, Il voit que son âme, son corps et son esprit réclament Dieu. Jésus a vécu une relation parfaite d'Amour avec Dieu. Il n'a eu de cesse de partager avec nous la beauté et la profondeur de cette Relation, afin que nous nous mettions également en quête de l'Amour Parfait. Chacun de nous peut demander à voir Dieu, voir sa Gloire.

Le temps des fiançailles embrase le cœur et mène tout naturellement vers l'envie intense d'une vie ensemble, une vie non plus cachée mais révélée, dans la Lumière. Contempler Dieu, en méditant la Vie de Jésus et les Paroles qu'Il a prononcées, vient apaiser cette soif intense de voir le Père. L'âme, comme le corps, se dessèchent s'ils ne boivent pas à la Source. La Source vive vient de Dieu. David témoigne de sa soif de voir la Face de Dieu : « Comme le cerf désire la source des eaux, ainsi mon âme Te désire, Dieu. Mon âme est assoiffée de Dieu, Source vive; quand viendrai-je et paraîtrai-je devant la Face de Dieu ? » (Ps 42,2-3). Cela me fait penser au dialogue entre Jésus et la Samaritaine.

Jésus affirme que celui qui boira de Son eau deviendra une Source jaillissante, qu'il n'aura plus jamais soif : « Celui qui boira de l'eau que Je lui donnerai n'aura jamais soif, et l'eau que Je lui donnerai deviendra en lui une Source d'eau qui jaillira jusque dans la Vie éternelle. » (Jn 4,14). Comme David a pu le faire, la Samaritaine désire intensément cette eau. Dieu calme sa soif par l'intermédiaire de Jésus. Vois comment Jésus est venu témoigner de l'Amour de Dieu à travers l'exemple de la Samaritaine, comment Il nous montre la Volonté de Dieu. La Samaritaine garde le désir en elle, mais celui-ci va se manifester différemment, la femme se met au service du Messie dont elle va louer les bienfaits.

 Tu le vois bien, l'âme veut se désaltérer à la Source, en Dieu Lui-même. Rien ne peut empêcher cette quête. David est allé jusqu'à se frayer un chemin au milieu des Philistins, ses adversaires, pour remplir son récipient d'eau dans la citerne de Bethléem: « Alors les hommes passèrent au travers du camp des philistins et puisèrent de l'eau de la citerne qui est à la porte de Bethléem… » (1Chr 11,18).

Toutes les difficultés du monde, les furies des démons, les peines infernales, les souffrances, les épreuves, rien ne retiendra l'âme de courir vers ce désir d'Union divine, de se plonger en cette Source insondable d'Amour. Nous avons juste à porter notre désir vers cet Amour Parfait : « Pose-moi comme un sceau sur ton cœur, comme un sceau sur ton bras. Car l'amour est fort comme la mort, la passion, implacable comme l'abîme : ses flammes sont des flammes de feu, fournaise divine. » (Ct 8,6).

À la lumière de ce que nous venons de partager, nous prenons conscience de l'Appel de Dieu. Sens-tu le Souffle divin ? Ce même Esprit que Jésus nous envoie lorsqu'Il retourne vers son Père.

Demandons par la prière d'être attiré par l'Esprit de Dieu qui souffle dans mon jardin. Dieu vient visiter notre âme.

Écoute, regarde, l'Époux arrive !

« **J'entre dans mon jardin, ma soeur, ma fiancée.** » (Ct 5, 1). Le Désir de Dieu résonne en nous, en notre corps, en notre âme. Ce Désir reflète l'Amour de Dieu en moi. Dieu se délecte en nous, c'est aussi pour cela qu'Il suscite en nous ce désir fou pour Lui.

Un tel élan vers nous va engendrer des transformations. Effectivement, l'aimé est toujours transformé par l'aimant. Cet amour réciproque nous permettra de vivre un accomplissement, celui de «voir Dieu face à Face », lorsque nous serons « semblables à Lui ». Comme nous le dit Jean : « Vous, petits-enfants, vous êtes de Dieu, et vous les avez vaincus, parce que Celui qui est en vous est plus grand que celui qui est dans le monde. » (1Jn 4,4). Ainsi Dieu sera aimé, désiré, autant qu'Il me désire. Car Dieu, amoureux de sa Créature, ne peut être vraiment satisfait que s'Il sent qu'Il est aimé autant qu'Il aime. Ceci se réalisera lorsque Dieu nous transformera totalement afin que nous soyons pleinement « à Son image et à Sa ressemblance », comme à l'origine (Gn 1, 27).

Comme le dit Paul, nous apprendrons alors à nous connaître à la Lumière de Dieu : « Aujourd'hui nous voyons au moyen d'un miroir, d'une manière obscure, mais alors nous verrons face à Face ; aujourd'hui je me connais en partie, alors je me connaîtrai comme Dieu me connaît. » (1 Co 13, 12). Nous sommes invités à entrer dans la Gloire de Dieu : «Nous tous qui, le visage découvert, réfléchissons comme dans un miroir la Gloire du Seigneur, nous sommes transformés en la même image, allant de Gloire en Gloire, comme par le Seigneur qui est l'Esprit. » (2Co 3,18). Ainsi ma volonté, mon cœur, mon âme pourront aimer Celui qui est Amour :

« Dieu a versé son Amour en nos cœurs par le Souffle de Dieu qu'Il nous a donné. » (Rom 5,5).

Mon cœur sera Cœur de Dieu

Mon amour sera Amour de Dieu

Ma volonté sera Volonté de Dieu

Mon intelligence sera Intelligence de Dieu

Ma sensibilité sera Sensibilité de Dieu

Mon désir reflètera le Désir divin

Je ne serai pas dilué dans un tout.

Je serai pleinement uni à mon Créateur, je formerai une « seule chair » avec Lui, dans une Union. Paul le dit très bien : « L'homme quittera son père et sa mère pour s'attacher, s'unir à sa femme, et les deux deviendront une seule chair. Ceci est un grand mystère, c'est l'union entre le Christ et l'Église (assemblée des croyants). » (Eph 5). Nous accueillons ainsi une transformation intérieure qui va se manifester à l'extérieur.

L'envie de recevoir va diminuer au profit de l'envie de donner. L'âme étant enivrée dans la Gloire de Dieu va jubiler en Sa présence : « Ma colombe, nichée dans les fentes de la roche, cachée dans les pentes abruptes, **laisse-moi voir ton visage, entendre ta voix, car ta voix est suave et ton visage gracieux**. » (Ct 2,13-14).

Le désir de Dieu pour notre âme est jubilation, le rocher dans lequel se niche la colombe est Dieu Lui-même. Ce dernier verset nous dévoile le Vouloir de Dieu, son Désir pour notre âme. La voix de notre âme est une jubilation pour Dieu, Il en apprécie la douceur. Si notre cœur désire Dieu, le Créateur nous désire encore plus. Ceci est un mystère. Dieu nous offre un avant-goût de ce Désir fou qu'Il a pour nous, de cette envie qu'Il a de nous introduire dans sa Gloire.

Le désir de vivre en Dieu doit couler en nous comme l'eau de la montagne qui descend dans les rivières, pure et limpide. Afin d'accéder à cette Source d'eau vive, reconnaissons nos fragilités, nos péchés et accueillons le pardon de Dieu. La première Lettre de Jean affirme que si nous confessons nos péchés, nous sommes purifiés.

Nombreuses sont les personnes dans la Bible qui ont commis des péchés mais se tournent ensuite vers le Seigneur, suppliants et assoiffés de Dieu. La Samaritaine vivait dans un acte d'adultère et avait eu cinq maris. Jésus est arrivé à attiser le désir de cette femme afin qu'elle choisisse une autre vie pour Lui. La Samaritaine est partie en courant tellement le désir d'annoncer le Messie l'habitait. Nous sommes tous invités à regarder nos habitudes. Nos rites sont-ils vides d'amour ? Vides de cet esprit de désir, de passion à vivre en Dieu ?

Il faut fuir une religiosité qui ne serait qu'une façade. « Si quelqu'un croit être religieux, sans tenir sa langue en bride, mais en trompant son coeur, la religion de cet homme est vaine. La religion pure et sans tache, devant Dieu notre Père, consiste à visiter les orphelins et les veuves dans leurs afflictions, et à se préserver des souillures du monde. » (Jc 1, 26). « Ainsi, parce que tu es tiède, et que tu n'es ni froid ni bouillant, je te vomirai de ma bouche. » (Ap 3, 16).

<u>Nous devons rechercher Dieu comme un passionné !</u>

Quelqu'un qui est animé d'une passion pour Dieu ne va pas se décourager, c'est extrêmement important. Celui pratique une religiosité « morose », c'est-à-dire une religiosité qui est vide d'intensité dans la foi, pourra plus facilement se décourager.

Jésus est un passionné de Dieu le Père. Il prend des risques pour cet Amour. Peu importe le regard des autres, les souffrances qu'Il devra subir. Jésus est notre Témoin Parfait, le Témoin de la Volonté d'Amour de Dieu sur terre. Nous avons également le témoignage des prophètes, de David qui prie, chante, pleure et communique en vérité avec Dieu.

Les psaumes sont constitués d'histoires magnifiques, d'authentiques dialogues avec le Créateur dont je te conseille vivement la lecture. Il y a aussi les Épîtres de Jean qui témoignent de la Tendresse de Dieu.

Je t'invite également à ouvrir le livre du Cantique des Cantiques, à méditer cette déclaration d'amour entre l'époux et l'épouse. Cette lecture va t'aider à réaliser l'amour que Dieu porte pour Sa créature, pour Son bien-aimé, pour toi.

Reçois ce poème que Dieu murmure au
creux de ton oreille,

Au cœur de nos entrailles :
Je suis Celui que tu demandes
Je suis Celui que tu désires
Je suis le rafraîchissement de ton être
Je suis ton Désir
Je suis ton Amour
Je suis Celui qui te transforme en Moi
C'est de mon Désir d'Amour dont tu es
issu
Selon mon Désir d'Amour que tu es créé
C'est vers ce Désir d'Amour que Je tends
vers toi.
Dans ce Désir d'Amour divin,

Aimons-nous et donnons-nous encore et
encore, encore et encore ...

III. Quand un psaume évoque le désir

Je te propose de parcourir avec moi un psaume imprégné de la notion de désir. Le psaume 63, 62 selon la numérotation grecque, relate une situation vécue, celle du roi David. Nous allons découvrir l'histoire de ce roi et nous essayerons d'entrer en dialogue avec Dieu. Les yeux de notre cœur et de notre âme tenteront d'accueillir le psaume. Pour cela, la prière et le dialogue avec Dieu nous aideront. Avant d'entrer dans le cœur de la Parole de Dieu, tachons de comprendre le style littéraire des psaumes. As-tu déjà entendu parler du psautier ? Le psautier est un recueil de psaumes qui relate le vécu d'une personne. Il s'agit d'un dialogue avec Dieu, dans un cœur à cœur. Selon la tradition juive, le psautier est divisé en plusieurs livres, par analogie aux 5 premiers livres de la Bible appelés Pentateuque (Torah pour les Juifs).

Chaque livre du psautier se conclut par une doxologie (formule de louanges) ou une bénédiction. Le premier livre contient 41 psaumes attribués au Roi David, excepté les psaumes 1, 2, 10 et 33 dont on ne connaît pas les auteurs. Le deuxième livre comprend 31 psaumes, du psaume 42 au psaume 72(73). En tout 18 sont attribués au Roi David, le psaume 72 est attribué au Roi Salomon. Le troisième livre contient 17 psaumes, du 73(74) au 89(91). Le 86ème est attribué au Roi David. Le quatrième livre avec 17 psaumes, de 90(92) à 106(109). Le psaume 90 est attribué à Moïse, les 101 et 103 au Roi David. Le cinquième livre comprend 44 livres. 15 sont attribués au Roi David, et le psaume 127 au Roi Salomon. Le psaume 136 est généralement appelé le Grand Hallel, la Grande Louange, il en est de même pour les psaumes 120 à 135 d'après le Talmud. Les psaumes 113 à 118 constituent le Hallel, la Louange. Ils sont récités lors des grandes fêtes, la Pâque juive, la Pentecôte juive et la fête des tabernacles, la fête des cabanes. Les psaumes sont également récités lors de la néoménie, fête du nouveau mois lunaire. Le calendrier juif fonctionne de façon lunaire pour la liturgie, pour fêter les mois, les fêtes, et de façon solaire pour les années.

Dieu détermine le premier des mois de l'année liturgique juive dans l'Exode et le donne à Moïse, ce mois correspond au premier mois de la liturgie juive.

Ces psaumes sont également récités lors d'autres fêtes, par exemple les 8 jours de la fête des bougies. Les psaumes de 120 à 134 s'appellent les cantiques des degrés, essentiellement chantés au temple, et appelés les psaumes graduels, les chants qui montent. Il y en a 15, à partir de 119 ou 120. Ils sont chantés pendant les trois fêtes des pèlerinages en montant les 15 marches qui mènent vers le temple. En tout, il y a donc 150 psaumes, le plus long est le psaume 119 avec 176 versets, le plus court est le 117, avec seulement deux versets. Dans les psaumes, on peut trouver des hymnes, des louanges, des plaintes, sur les thèmes variés tels que la royauté, la confiance etc.

Les thèmes sont en lien avec ce que les gens ont vécu, ressenti, et ce qu'ils ont exprimé dans un dialogue avec Dieu que nous appelons oraison. La journée d'un Juif, qu'il soit rabbin ou laïc, est toujours rythmée par la prière des psaumes. Les psaumes sont particulièrement priés lors du shabbat et lors des fêtes. Il est essentiel de se souvenir que Jésus Lui-même a prié les psaumes !

Les premiers chrétiens laïcs, les premiers moines et les nouveaux convertis les priaient également plusieurs fois par jour. Oui, prenons le temps de revenir à cette prière. Je te propose de parcourir ensemble les 8 premiers versets qui parlent du désir, essayons de nous mettre à l'écoute de Dieu. Nous verrons ce que la méditation du texte peut apporter à chacun de nous. Le psaume étant un dialogue, une expression ou un cri qui jaillit de la personne et qui exprime ce que l'on vit sous la forme d'une prière, chacun de nous essayera d'accueillir une émotion particulière qui jaillit du texte, tel un « fleuve d'eau vive qui coule de son sein », comme le dit l'Écriture (Jn 7, 38).

Psaume 63 (Vulg. LXII)

*1 Psaume de David. Lorsqu'il était dans le
désert de Juda.
2 O Dieu, Tu es mon Dieu, je Te cherche dès
l'aurore ;
Mon âme a soif de Toi, ma chair languit après
Toi,
Dans une terre aride, desséchée et sans eau.
3 C'est ainsi que je Te contemplais dans le
sanctuaire,
Pour voir Ta puissance et Ta gloire.
4 Car Ta grâce est meilleure que la vie :
Que mes lèvres célèbrent Tes louanges !
5 Ainsi Te bénirai-je toute ma vie,
En ton nom j'élèverai mes mains.
6 Mon âme est rassasiée, comme de moelle et
de graisse,
Et, la joie sur les lèvres, ma bouche te loue.
7 Quand je pense à Toi sur ma couche,
Je médite sur Toi pendant les veilles de la nuit.
8 Car Tu es mon secours,
Et je suis dans l'allégresse à l'ombre de Tes
ailes.
9 Mon âme est attachée à Toi,
Ta droite me soutient.
10 Mais eux, cherchent à m'ôter la vie :
Ils iront dans les profondeurs de la terre.
11 On les livrera au glaive,
Ils seront la proie des chacals.
12 Et le roi se réjouira en Dieu ;
Quiconque jure par Lui se glorifiera,
Car la bouche des menteurs sera fermée.*

"Psaume de David.

Lorsqu'il était dans le désert de Juda."

Contexte du psaume 62(63)

Le psaume 62 (63) raconte l'histoire de David qui cherche un abri car le roi Saül et son armée le poursuivent. David se retrouve égaré dans le désert de Judée. Il est usé, fatigué, assoiffé. Il n'a plus de force, plus d'énergie. Le roi Saül est jaloux et très puissant. Sans se soucier des dangers, David érige une forteresse de foi autour de lui. Sa soif est physique mais surtout spirituelle. Il prie et se rapproche de Dieu. Son âme brûle d'amour pour son Créateur et il contemple la Splendeur de Dieu.

Connais-tu David ?

Que savons-nous de lui ?

Le roi David est né vers 900 avant Jésus Christ, il fut le second et le plus grand roi d'Israël. Il fonda une dynastie qui dura quatre siècles. Au temps du roi Saül, David était le fils de Jessé, un Ephratéen, l'arrière-petit-fils de Boaz et de Ruth. Il est né à Bethléem et était de la tribu de Juda. Il passa ses jeunes années comme berger, jusqu'à ce que l'entourage du roi Saül le repère. Le prophète Samuel oignit[1] secrètement David comme successeur de Saül. Alors que Saül traversait une période difficile, l'un de ses serviteurs fit venir auprès de lui David, musicien accompli. C'est ainsi que commença l'ascension rapide de David à la cour. Le berger David abattit d'un coup de fronde le champion philistin Goliath dans la vallée d'Elah et cette victoire sur Goliath fit de lui un héros national. Il épousa la fille de Saül, Mikhal.

[1] Oindre : appliquer de l'huile sainte sur une personne pour la consacrer à Dieu.

Sa renommée de héros se répandit au fil des combats qu'il mena aux côtés de son maître. David prit également pour femme Bethsabée, épouse d'un officier dévoué, Urie le Hittite. Bethsabée devint enceinte, et son enfant devint le futur roi Salomon. Le deuxième livre de Samuel énumère six fils de David de six femmes différentes. Les maisons de Juda et d'Israël sont réunies. Au cours de combats, David repousse les Philistins à deux reprises et conquiert Jébus, l'actuelle Jérusalem, il en fait sa capitale. Il fortifie la ville et la transforme en site religieux en y transférant l'Arche d'alliance. À sa mort, le royaume est en pleine expansion économique.

Après cet aperçu de la vie de David, je t'invite à réfléchir à l'écho que cette histoire peut avoir pour chacun de nous :

- En quoi l'histoire de David rejoint-elle ma vie ?

- Ai-je le désir de voir comment Dieu intervient dans la vie mouvementée de David ?

- Comment la Parole de Dieu intervient-elle dans ma vie ?

- Ai-je soif d'écouter la Parole de Dieu ?

Saül, l'ennemi de David

Dans le psaume 62(63), le roi David fuit dans le désert de Juda. D'après la tradition juive, David cherche refuge contre ses poursuivants. Il se trouve totalement isolé dans le désert de Judée. Qui fuit-il ? Son ennemi, le premier roi d'Israël Saül. Saül veut tuer David et a lancé son armée contre lui. Pourquoi Saül veut-il tuer celui que Dieu a choisi ? Par jalousie ! C'est une conséquence de la faute d'Adam et du premier péché, en particulier ici le péché de la vanité. Essayons de définir ensemble ce qu'est la vanité. Pour cela, je vais prendre le cas d'une personne de mon entourage qui reçoit un privilège. Dans cette situation, mon ego peut être remis en cause. Il est possible que je justifie un comportement arrogant, voire violent, en mettant en avant la légitime défense : je me défends car je me sens en danger. La maladie de l'âme humaine qu'est la vanité se manifeste par cette jalousie, cette volonté d'être reconnu, de tout ramener à soi, de se donner de l'importance, d'être au centre de tout. Même si le chrétien a reçu le baptême, s'il a reçu l'Esprit-Saint, les vieux réflexes peuvent persister.

Jean Cassien (moine et écrivain, 360-435), affirmait qu'il était très difficile de contrôler la vanité. Parfois, même une bonne action peut être motivée par la vaine gloire.

D'autres fois, la haine et l'arrogance peuvent être les conséquences de cette jalousie. À ce propos, Évagre le Pontique, moine du IVème siècle, avait répertorié 8 mauvaises passions de l'âme humaine d'où découlent toutes les autres mauvaises passions. La vanité en fait partie. Rappelons-nous que le péché déstructure toute l'âme humaine. D'après Thomas d'Aquin, après la faute, l'homme ne peut plus pratiquer les vertus naturelles normalement, naturellement, s'il n'est pas mû par la grâce. Lorsque l'on dit que Jésus vient assumer notre humanité, il vient aussi assumer cela en nous ! Alors, quel peut-être le remède de ce mal ? Faisons comme Jésus, qui était totalement tourné vers Dieu.

Ouvrons l'Évangile. Ne faisons pas que lire, fixons notre regard sur Jésus. Le visuel est une force dans l'âme. Regardons l'agir de Jésus, Jésus était-il jaloux ? S'appropriait-il les choses ou les gens ?

Je peux me mettre en prière et faire le point sur cette maladie de l'âme qu'est la vanité. Nous expérimentons tous cette maladie à des degrés divers. Regardons l'autre, ne le jugeons pas.

Si quelqu'un a commis le mal, Dieu le jugera. Nous avons tendance à trop juger. Si cela est nécessaire, nous pouvons aller voir une personne qui fait le mal pour qu'elle se reprenne, mais ne faisons pas de « querelles de chapelle ». Ouvrons la Bible tranquillement, lisons le psaume ensemble, essayons de faire une lecture spirituelle du texte.

La fuite de David

David a fui dans le désert, lieu sans végétation. Il se retrouve avec Dieu, dans une relation privilégiée. Aucune végétation ne pousse dans le désert, si l'on prend l'image de la végétation et qu'on la transpose aux sentiments, nous pouvons dire que David se retrouve dénudé de tout sentiment. Il a également fui la maladie de l'âme de ses adversaires. Chacun de nous est appelé à fuir les mauvais sentiments, à les abandonner.

Viens Seigneur, agis contre toute maladie de l'âme que je peux avoir, que le monde a. Que le Seigneur vienne nous visiter. Puissions-nous croiser le regard du Seigneur. David se trouve dans le désert de Juda. Il se trouve dans une situation de danger, dans une adversité extrême, comme toi ou moi pouvons parfois l'être dans notre vie.

Ce psaume peut rejoindre la vie personnelle de chacun. N'hésitons pas à prier David, à prier Dieu, ils peuvent nous aider. Oui Dieu, tu es mon Dieu et je Te cherche. Si je ne me trouve pas dans une situation d'adversité extrême, je peux prier le psaume pour une personne qui traverse des épreuves difficiles. Pourquoi ? L'apôtre Paul affirme que nous sommes tous les membres d'un seul corps : « Si un membre souffre, tous les membres partagent sa souffrance, et si un membre est honoré, tous les membres se réjouissent avec lui. » (1Co 12, 26).

Concernant David, même si le désert de Juda est aride, il continue de se réjouir intérieurement car il sait qu'il ne se trouve pas sur un sol étranger mais en Terre sainte. Souvenons-nous ici d'Abraham, lorsque Dieu lui demande de se rendre sur la terre qu'Il lui montre, il s'agit de la Terre du Christ.

Sur cette Terre, on y prie en Esprit et en Vérité ! David se réjouit d'être sur cette Terre sur laquelle Jésus sera présent. Si je me trouve sur une terre aride, que je n'ai plus envie de prier, que je ne ressens plus rien, je t'invite à prier Dieu comme David a pu le faire. N'oublions pas que Jésus est un descendant du roi David et qu'Il a également prié son Père à maintes reprises. Jésus est le modèle Parfait du priant : « Vers cette même époque, Jésus se retira sur une colline pour **prier**. Il passa toute la nuit à **prier** Dieu.» (Lc 6, 12). Jésus et David ont reçu la grâce de Dieu.

En les observant, nous comprenons qu'il vaut mieux se trouver dans une sécheresse spirituelle mais être toujours lié à Dieu, que de perdre la conscience de sa Présence. Soyons assurés que Dieu nous aide à traverser les périodes d'aridité. Dans le psaume 62(63), la réaction de David est de partir se réfugier dans le désert, en silence.

Que penses-tu de l'attitude de David face aux adversaires qui le pourchassent ? Face aux attaques, faisons-nous comme David ? Ce n'est pas évident. Nous ne sommes pas habitués à une telle attitude dans nos relations humaines.

Lorsque quelqu'un veut me chercher querelle, que je l'apprends ou que je le vois, ma réaction peut être de me défendre et d'aller le combattre et parfois il le faut.

Lorsqu'une personne veut nous faire du mal, par méchanceté ou vengeance, prenons le temps de réfléchir : avons-nous conscience que répondre au mal par le mal n'est pas une attitude chrétienne ? Selon toi, les choix de partir et de garder le silence sont-ils toujours des réactions de lâcheté qui montreraient le tort d'une personne ? La Parole de Dieu nous dit que ce n'est pas comme cela qu'il faut raisonner. Il n'est pas évident de nous laisser éduquer par la Parole de Dieu. Nous avons des habitudes humaines qui sont devenues la référence, au détriment de la Parole de Dieu. Il n'est pas évident de nous laisser éduquer de nouveau par la Parole de Dieu, ré-évangéliser dans notre comportement, dans notre humanité. Partir n'est pas une lâcheté ici. David n'est pas lâche, il est le premier à avoir combattu Goliath quand il le fallait. Je vais te proposer un exemple concret qui vient des Évangiles et qui montre concrètement que nous sommes appelés à abandonner certaines habitudes, un comportement ou des raisonnements humains, même lorsque ceux-ci semblent bons selon notre perception humaine. Rappelle-toi l'apôtre Pierre qui incite Jésus à ne pas monter à Jérusalem car c'est dangereux pour Lui. Voici la réponse de Jésus: « Arrière Satan, tes pensées ne sont pas celles de Dieu, elles sont purement humaines. » (Mt 16, 23). Jésus demande concrètement à Pierre de convertir ses pensées, son attitude, d'accueillir le Projet divin et de Le laisser accomplir Sa mission. Inspirons-nous de l'attitude exemplaire de Jésus, lorsque quelqu'un nous veut du mal, demandons cette grâce à Dieu de mettre en priorité l'accomplissement de la mission que Dieu nous confie, là où Il le souhaite, comme Il le souhaite !

Lorsque David fuit Saül et ses soldats, c'est dans le désert qu'il se rend. Malgré l'adversité qui l'entoure, il y recevra la grâce de pouvoir se tourner vers Dieu, dans un cœur à cœur avec Lui. Imaginez-vous les émotions de David ! Il a dû ressentir une angoisse forte et profonde face à des ennemis qui le pourchassaient. David n'est pas un être insensible. La peur est un phénomène neuronal normal en lien avec des circonstances pénibles. David a su transcender ses émotions. Il a reçu la grâce de se tourner vers Dieu, ce qui lui a permis de ne pas se laisser pas envahir par les émotions.

Je vais te rapporter un autre exemple dans lequel les émotions sont transcendées : lorsque Jésus était enfant, Marie a cherché son fils pendant trois jours alors que Celui-ci était au Temple. L'émotion que Marie a ressentie nous touche… Sa blessure n'était pas la même que celle de David, mais Marie a souffert lors de cet épisode de la vie de Jésus. Tu vois, mon frère, ma sœur, les personnages de la Bible vivent eux aussi des émotions face à l'adversité, à la détresse. Rappelle-toi également de cette femme de l'Apocalypse que nous décrit l'apôtre Jean. Celle-ci est attaquée et part se réfugier dans le désert : « Et la femme s'enfuit dans le désert, où elle avait un lieu préparé par Dieu, afin qu'elle y fût nourrie pendant mille deux cent soixante jours. » (Ap 12, 6).

Demandons à Dieu de nous donner sa Grâce. Cela nous aidera à répondre ou agir d'une manière appropriée. Si j'ai les yeux tournés vers Jésus, comme Jésus avait le cœur et les yeux tournés sur Dieu, je ne serai pas pris(e) dans les tourments, dans la tempête de mes émotions et de mes faiblesses. Lorsque Jésus demande à Pierre de Le rejoindre en marchant sur l'eau, Pierre y arrive miraculeusement (Mt 14, 22-33).

Tant que Pierre regarde Jésus, non seulement il ne lui arrive rien, mais en plus il arrive à dominer les lois de la nature. Pierre ne regarde ni à droite, ni à gauche, il marche vers Jésus. Mais lorsque son regard n'est plus fixé sur Jésus, Pierre prend peur ! Il se laisse envahir par son émotion, et les lois de la nature reprennent le dessus. En nous laissant envahir par les tracas quotidiens, par la peur d'une personne, ou la peur du lendemain, le véritable danger est de perdre conscience de la Présence de Jésus qui nous mène vers le Père. L'être humain peut facilement perdre confiance, se laisser submerger par les émotions et se retrouver dans les ténèbres. Regarde comment un enfant est rassuré par la présence de ses parents, quel que soit le danger pouvant survenir. Agissons en tant qu'enfant de Dieu, conscients de la Présence et du Soutien du Père. Écoutons Jésus qui nous dit : «Je suis la Lumière du monde. Celui qui me suit ne marchera pas dans les ténèbres, mais il aura au contraire la Lumière de la vie.» (Jn 8, 12).

Demandons cette grâce à Dieu d'avoir notre regard toujours porté vers Jésus qui est le Chemin et nous mène vers Dieu le Père, de prendre conscience qu'Il est là, concrètement, et de continuer de Le fixer.

Ce n'est pas facile, c'est le combat de toute une vie, surtout lorsque nous traversons des épreuves que le Seigneur permet. Les épreuves sont diverses et peuvent parfois être très éprouvantes. Prenons l'exemple de la trahison. David est trahi par Saül, son beau-père. Caïn est tué par son frère Abel. Jésus est trahi par un proche, Judas. Il y a d'autres nombreux exemples de trahison dans la Bible. Nos ennemis ne sont pas toujours ceux que l'on pense, veillons à préserver la sérénité de notre sanctuaire. Il est important de noter et on le verra par la suite, que David ne s'est jamais vengé quand il a eu la possibilité de tuer son ennemi (1 Sam 24, 1-12). Prions pour la conversion de cœur de nos ennemis, et demandons la grâce de ne pas subir les événements.

"O Dieu, Tu es mon Dieu,

Je Te cherche dès l'aurore ... "

David appelle Dieu : « Mon Dieu ».

J'aimerais te poser simplement ces questions : quelle place donnes-tu à Dieu dans ta vie ? À quelle fréquence Lui parles-tu ?

En ce qui concerne la relation de David à Dieu, la première réflexion qui me vient à l'esprit est que David prie avec toute son âme, avec tout son corps. « Réciter » une prière n'est pas du même ordre que la « vivre ». Le pronom personnel « je » utilisé par David entre en relation avec un Autre défini par le pronom personnel « Tu ». Il y a une communication entre deux personnes. Dans le psaume, David s'adresse à Dieu, Créateur du ciel et de la terre. En disant « Tu es mon Dieu », David reconnaît que Dieu est proche de lui, il L'accueille. David n'est pas en communication avec un Dieu lointain qui ne s'intéresserait pas à la personne humaine, il entre en contact avec Dieu qui est transcendant. Cette relation privilégiée et unique entre Dieu et l'être humain, nous y sommes tous invités :

« Je suis à mon bien aimé et mon bien aimé est à moi. Tu es mon bien aimé, je suis ton bien aimé. » (Ct 2, 16).

Il est primordial de prendre conscience que Dieu est proche de chacun d'entre nous. Il est proche de moi, Il est proche de toi également. La relation de proximité entre Dieu et l'être humain est une réalité essentielle. Jésus entrait également dans une relation d'intimité avec Dieu en lisant les psaumes. En priant le psaume à la manière de David et de Jésus, je vais également entrer en relation avec Dieu.

**" ...mon âme a soif de Toi, ma chair languit après Toi,
dans une terre aride, desséchée et sans eau. "**

Ai-je soif de Toi Seigneur ? Est-ce que ma chair Te languit ? Les mots choisis dans le psaume en hébreu sont porteurs d'une signification profonde. Avoir soif a le sens ici d'être à l'agonie. Ce sont l'âme et le corps de David qui sont à l'agonie, tout son être… L'âme de David a soif de Dieu et sa chair Le languit. Si le sol est aride, c'est évident qu'il n'y a pas d'eau.

Cette insistance dans le texte montre la soif extrême de David, celui-ci n'en peut plus. Certains rabbins disent que cette expression « sans eau » nous rappelle la condition de l'homme traversant un désert. Les êtres humains peuvent vivre des moments de désert. Jean de la Croix appelait ces périodes de désert les nuits obscures. Comment y faire face ? Nous avons la possibilité de recevoir des grâces et de la force en implorant l'immense Miséricorde de Dieu, en lisant la Parole de Dieu La soif physique de David est intimement liée à la soif divine qui l'anime, à son désir d'entendre Dieu !

Essaye d'imaginer concrètement le mouvement que je vais te décrire :

- L'eau coule du haut vers le bas dans notre corps et désaltère notre soif physique.

- La Torah[1] donnée par Dieu suit le même chemin du ciel vers la terre et étanche notre soif de Dieu.

[1]Torah : Les 5 livres du Pentateuque. Étymologiquement Torah veut dire enseignement en hébreux.

Lorsque David dit à Dieu que son âme a soif de Lui, c'est toute sa personne humaine qui a soif, non seulement sa dimension spirituelle. Son désir véritable tend vers un rapprochement de Dieu. Sans se soucier de ce qui se passe autour de lui, David va accueillir la force et la grâce de Dieu.

Ses forces spirituelles et intellectuelles vont se déployer et se transformer en forteresse de foi. La soif de David devient contemplation de la Splendeur de Dieu, et son âme brûle véritablement d'amour pour le Créateur. Sa soif ne pouvait véritablement être apaisée que par la proximité de Dieu. Lorsque David dit à Dieu : « Mon âme a soif de Toi et ma chair Te languit », il parle de l'âme mais également du corps. En fait, David exprime l'absence du Divin en décrivant une soif incroyable de Dieu. Selon moi, la réalité de cette Union mystique est génétiquement ancrée dans chaque personne humaine. Aujourd'hui, de nombreuses personnes ne sont pas dans une quête de la Transcendance divine, dans une recherche d'Union mystique entre le Créateur et Sa créature.

Lorsque la connexion avec le Divin n'est pas stimulée par l'humain, ce dernier risque alors orienter sa quête vers des désirs insatiables, solitaires ou multiples, qui seront la cause d'un tourment. Dans ce cas, la personne peut tomber dans l'abîme d'une sexualité égocentrée. La société de consommation incite d'ailleurs à ces plaisirs fugaces qui participent à une déshumanisation évidente.

En réalité, l'être humain ne peut être apaisé qu'une fois rassasié de la Présence de Dieu. Regarde comment cette quête de Dieu est décrite dans le livre du Cantique des Cantiques : « Je me lèverai et je ferai le tour de la ville ; je parcourrai les faubourgs et les places publiques pour y chercher mon bien-aimé ; je l'ai cherché et je ne l'ai pas trouvé. » (Ct 3,2). Nous pouvons voir à travers ces versets la quête d'une personne qui se lève, qui est prête à faire le tour de la ville, à parcourir tous les faubourgs, même les places publiques pour aller chercher son bien-aimé. Si la personne ne désire pas la Transcendance du Divin, elle risque de multiplier les recherches et les jouissances de ce monde ici-bas dans le domaine sensoriel, sexuel, dans les domaines du pouvoir ou encore de l'argent.

Souviens-toi de l'épisode de la Samaritaine dans l'Évangile de Jean (Jn 4). Jésus lui propose « Son » eau qui permet de ne plus avoir soif, celle que David désire, qui vient de l'Être de Dieu, de son Essence, directement : « Quiconque boit de cette eau aura encore soif, mais quiconque boira de l'eau que Je lui donnerai n'aura plus jamais soif, l'eau que Je lui donnerai deviendra en lui Source d'eau jaillissant en Vie éternelle». La Samaritaine repart sans sa cruche, sa soif est désaltérée par les Paroles de Jésus.

David se rend à la source

Il y a différentes façons d'aborder les psaumes, comme il y a différentes façons d'aborder l'Écriture Sainte. L'une des particularités d'un psaume est que l'auteur transforme son vécu en prière. De nombreux auteurs l'ont rappelé. Voici un premier enseignement pour nous : transformer notre vécu en prière. Toute notre personne humaine réclame Dieu, l'âme et le corps. Tout notre être a soif de Toi Seigneur ! Je parle de soif ici car il est intéressant de noter que notre besoin d'eau est plus vital que notre besoin de nourriture.

La Source qui va pouvoir satisfaire David est Dieu. Le prophète le sait et il va se déplacer pour trouver cette Source. Certains lieux sont saints. Kiryeat Yearim était le lieu où séjournait l'Arche sainte. David est allé se ressourcer dans un lieu spécifique, lieu dans lequel il y avait l'Arche sainte, le sanctuaire. En ce qui nous concerne, prenons conscience que nous sommes le Temple de Dieu et que Dieu vient en nous. Nous sommes également invités à aller vers Lui, à nous rendre à la Source, là où se trouve Dieu. « Mon âme a soif de Toi ». C'est de Toi, de ton Essence divine que mon âme a soif, pas seulement d'une Révélation, d'une sensation, d'une Manifestation, même si ce n'est pas contradictoire. Jean de la Croix nous dit dans son cantique spirituel :

> « C'est Toi que je désire, tout ton Être,
> toute ton Essence, le reste ne me fera
> que souffrir, il ne me contentera pas ».

Nous sommes appelés, comme le dit très bien Dom Marmion (moine bénédictin irlandais, 1858-1923), à vivre de cette Source d'Eau divine, celle-ci est une « participation de cette vie intime avec Dieu. Dieu veut nous communiquer cette félicité sans limite, elle a sa source dans la plénitude de l'Être infini.

Comme le dit David, c'est Ton Être Seigneur auquel j'aspire. Il ne s'agit pas juste de contempler le reflet de la Source divine, car alors la soif ne serait pas étanchée. Dans l'Ancien Testament, l'eau que Jacob donnait n'était que le reflet de la Manifestation de Dieu, de sa Transcendance, de son Immanence [1]. Aller boire à la Source, c'est aller au-delà du reflet divin. C'est pour cela qu'il y a la promesse de ne plus avoir soif ! Allons encore plus loin : je deviens moi-même Source ! Je ne suis pas l'expression de la Source ; le canal ou la rivière qui coule de la Source, je deviens une Source ! La Source me touche et je deviens Source. La Source d'eau c'est l'Être Divin, et c'est pour cela que je n'aurai plus soif. « Je » deviens Source d'eau vive. La Samaritaine l'a expérimenté : « L'eau que Je lui donnerai deviendra Source d'eau jaillissant en vie éternelle » (Jn 4, 14). C'est ce que demande David en disant « mon âme a soif de Toi », il a soif de l'Être divin.

[1] La Transcendance divine désigne la manière dont Dieu transcende ou dépasse la Création. Son Immanence désigne la manière dont Il habite cette Création.

À la manière du roi David et de la Samaritaine, demandons à Dieu de mettre ce désir en nous. Que notre vie soit traversée par cette soif de Dieu. Même si Jésus nous a enseignés que nous n'étions plus du monde, dans le sens où l'esprit du monde n'a pas d'emprise sur nous, nous restons parfois attirés par le monde, pris dans les soucis, les problèmes d'argent, et toute sorte de désirs. Sommes-nous vraiment à la recherche de Dieu? Sommes-nous dans une pratique de la religion sans en rechercher la vraie profondeur ? N'ayons pas peur de dire non en conscience, le reconnaître nous permet de demander la grâce d'accueillir Dieu en vérité dans notre vie. Dieu, agis en moi afin que j'aie soif de Toi, afin que je Te cherche.

"...Ma chair languit après Toi..."

« Mon âme a soif de Toi », « Ma chair Te désire ». Ceci est extrêmement important. Ce n'est pas seulement l'âme de David qui a soif de Dieu mais sa chair également. Essayons de ressentir ce véritable appel de la chair et de l'âme qui tend vers Dieu. Le roi David vit une unification pour parler ainsi.

Oui, tout mon corps est appelé à tendre vers Dieu, la chair, les yeux, les oreilles, chaque sens. Posons-nous la question suivante : que faisons-nous de notre corps, de notre chair ?

"C'est ainsi que je Te contemplais dans le sanctuaire

Pour voir ta Puissance et ta Gloire"

Au cours de ma journée, quelle contemplation attire mes sens ? Où mon regard, mon être et mon cœur trouvent-ils leur repos ? Dans le psaume, le mot contemplation est la traduction du mot hébreu **raza**. Un commentaire rabbinique précise que cette contemplation est d'ordre prophétique. David perçoit ce que Dieu lui révèle du mystère de Dieu. Il expérimente la guérison de l'âme, puise à la Source l'Amour de Dieu, goûte à la Miséricorde divine.

Je reviens sur le terme raza utilisé dans l'Écriture, sais-tu que l'alphabet hébraïque ne contient que des consonnes ? 22 en tout, sans aucune voyelle. Lorsque des voyelles sont ajoutées ou enlevées, la signification du mot change.

Si nous changeons les voyelles du mot raza, nous trouvons le terme raze, la poitrine, le cœur. En fait le roi David a eu une vision du cœur.

Continuons ensemble la méditation du psaume. Le mot sanctuaire vient du mot kodesh : "saint". Le désir de David est de contempler Dieu dans un lieu consacré à cette si belle dévotion. La contemplation amène à la vision, le texte insiste sur cette évolution de la contemplation à la vision.De quelle vision s'agit-il ? De la Gloire et de la Puissance de Dieu, voilà ce que le roi David demande. En ce qui nous concerne, sommes-nous dans le désir ardent de contempler le Seigneur dans Son sanctuaire ?

Si je réalise que je ne le suis pas, est-ce parce que je suis trop aspiré par le quotidien, les soucis, le travail, les tentations ?

Le roi David met l'accent sur le but de tout croyant : voir Dieu face à Face, Le contempler, L'adorer. Nous avons relevé que le lieu était important. David va contempler le Seigneur dans le sanctuaire. Ici le mot kodesh nous rappelle le mot sanctuaire. Rappelez-vous ce que l'apôtre Jean dit : "Vous demeurez en Moi, et Moi Je demeure en vous." (Jn 15, 4).

Je contemple Dieu à l'extérieur, dans la Création, je prends également le temps de méditer le Présence de Dieu en moi ! Contempler Dieu dans le sanctuaire revient à dire contempler Dieu en moi-même ! Le lieu est important. C'est dans un lieu particulier que David verra la Gloire et la Puissance de Dieu. C'est dans un lieu bien précis également que la Gloire de Dieu s'est révélée lorsque Jésus a transformé l'eau en vin à Cana (Jn 2, 1-11).

Demandons à l'Esprit de Dieu de développer cette prise de conscience que Dieu souhaite se manifester dans des lieux précis, qu'Il souhaite se manifester en moi également.

**"Mon âme est rassasiée, comme de moelle et de graisse,
et, la joie sur les lèvres, ma bouche te loue. "**

Nous avons un corps que nous nourrissons, il est important de prendre également conscience de notre âme. En réalisant que je suis en Dieu, je réalise également que je ne suis pas dilué(e) en Lui.

Comme le disent les versets précédents, l'âme de David était desséchée, mais grâce à la prière, elle va être tellement rassasiée ! Notre âme peut vivre un dessèchement similaire à celui de David, il est important d'en prendre conscience. Ce sont des moments qui peuvent être douloureux. Ce dessèchement de l'âme peut venir d'une séparation, d'une épreuve, de rumeurs, d'un manque d'envie ou de sensations etc. Nous passons tous par certaines épreuves, cela fait mal au niveau des émotions et de la sensibilité, il ne faut pas le nier. Il peut s'ensuivre des troubles alimentaires, une sous-alimentation ou une suralimentation. Dans le psaume, il est dit que l'âme va être rassasiée, tel un corps va être rassasié après avoir pris un bon repas.

Nous avons appris qu'il fallait prendre ses repas à intervalles réguliers. De la même manière, notre âme sera soutenue par une prière régulière. Cela ne va pas être palpable, je ne vais pas toujours le ressentir, mais pourtant la prière rassasie l'âme ! J'attire maintenant ton attention sur le fait que du premier au sixième verset du psaume, David met l'accent sur l'union entre le corps et l'âme.

Posons-nous la question suivante : vivons-nous une telle union entre notre âme et notre corps ? Ou avons-nous tendance à vivre une dichotomie, en nous occupant de l'âme à certaines périodes, et du corps à d'autres périodes ?

Il est clair que nous avons hérité d'une tradition gréco-romaine et d'une intelligence cartésienne. Notre façon de vivre peut être influencée par cette histoire qui est la nôtre Je me demande par exemple pourquoi le jansénisme, ce mouvement religieux et intellectuel créé par Jansénius, symbole aujourd'hui d'une certaine rigidité, a pu se développer dans le milieu occidental. Certes, nous sommes appelés à nous couper de l'esprit du monde, c'est-à-dire d'un état d'esprit, d'une façon de vivre et d'agir propre à ceux qui sont loin de Dieu ou de la société profane : « N'aimez pas le monde ni ce qui est dans le monde. Si quelqu'un aime le monde, l'Amour du Père n'est pas en lui. En effet, tout ce qui est dans le monde, la convoitise qui est dans l'homme, la convoitise des yeux et l'orgueil dû aux richesses, vient non du Père, mais du monde. Or le monde passe, sa convoitise aussi, mais celui qui fait la volonté de Dieu demeure éternellement. » (1 Jn 2,15-17).

Mais nous sommes appelés à aimer le monde tel que Dieu l'a conçu : « Et Dieu vit tout ce qu'Il avait fait ; et voici : cela était très bon. » (Gn 1, 31). Oui, tout ce que Dieu a créé est bon, notamment le corps et l'âme de l'homme. Les divisions, les oppositions, la rigueur que nous pouvons vivre en notre corps et notre âme sont-elles en cohérence avec ce que Dieu veut pour chacun d'entre nous ? Nous sommes appelés à tenter de vivre dès ici-bas l'union entre l'âme et le corps, tel un couple composé de deux entités est appelé à vivre l'unité. Une fois rassasiés, le corps et l'âme vont pouvoir bénir Dieu, comme nous le voyons dans le verset 5 du psaume.

Nous voyons qu'il est important de prendre soin du corps et de l'âme, de récupérer des forces humaines et divines, afin qu'une fois rassasié, tout notre être puisse louer le Seigneur dans l'allégresse. Regarde cet extrait de Deutéronome : « Tu mangeras et seras rassasié et béniras Dieu pour la bonne terre qu'Il t'a donnée. » (Deut 8, 10). Concrètement, pensons-nous à bénir le Seigneur après un repas quotidien ou un repas de fête ? Ou bien sortons-nous de table rassasiés, mais manquant de gratitude vis-à-vis du Seigneur pour la nourriture qu'Il nous donne ?

"Quand je pense à Toi sur ma couche Je médite sur Toi pendant les veilles de la nuit "

À quoi est-ce que j'emploie mon temps ?

Dans le quotidien de notre vie, il est important de se poser, et de regarder à quoi nous employons notre temps. À quelle fréquence pensons-nous à Dieu ? David a de nombreuses activités puisqu'il est roi, mais cela ne l'empêche pas de penser continuellement au Seigneur.

Comme nous l'avons déjà dit, au cours de la journée, nous faisons des pauses à intervalles réguliers pour nos repas, et si nous faisions des pauses dans notre vie pour les consacrer à Dieu !

Remettons-nous en présence de Dieu régulièrement. Prenons conscience de la Présence de Dieu. Même si je ne Le ressens pas, si je ne Le vois pas, je peux Le percevoir à travers la beauté d'un sourire, un geste de tendresse, la nature qui nous entoure etc. Puissions-nous offrir toutes nos activités professionnelles, personnelles et familiales, tous nos temps de repos pour la Gloire de Dieu.

Dans le quotidien, nous pouvons nous arrêter 5 ou 10 minutes, lire un passage de la Parole de Dieu, penser au Seigneur, Le prier dans notre cœur, en voyageant dans le métro, le train, ou en faisant les courses. L'essentiel est de prendre régulièrement conscience de la Présence du Seigneur, autour de nous, et en nous. Dans le psaume, David affirme qu'il médite la nuit. Il est vrai que la nuit nous libère du tumulte de la journée, tout y est plus calme et reposant, les distractions et les soucis du quotidien sont derrière nous.

La nuit est destinée au repos de l'âme, elle est également l'occasion de sanctifier un moment, peu importe l'heure. Avant d'aller dormir, prenons le temps de penser à Dieu. Concentrons-nous pleinement sur sa Présence. Quelle relation souhaite-t-Il entretenir avec nous ? La nuit devient un moment propice pour nourrir notre relation avec Dieu, nous mettre à Son écoute, méditer sa Parole en ouvrant la Bible...

Je vais maintenant approfondir cette autre définition de la nuit que Jean de la Croix appelait les nuits obscures. Ce sont des périodes de désolation spirituelle pendant lesquelles Dieu semble absent. Pendant ces périodes, nous pouvons ressentir une absence de lumière, une obscurité profonde.

Parfois, un attachement excessif aux choses du monde peut expliquer ces moments difficiles. Lors d'un épisode de nuit spirituelle, nous pouvons vivre une souffrance émotionnelle d'intensité variable. En accueillant cette souffrance et en l'offrant à Dieu, il est possible d'empêcher les émotions de nous envahir. Ensuite, n'ayons pas peur de demander aux personnes de prier pour nous.

L'apôtre Paul demandait souvent de prier pour lui, ce n'est pas une honte que d'autres personnes prient pour nous. La présence et le soutien d'amis peuvent être le canal utilisé par Dieu pour permettre à la Lumière divine de nous atteindre.

Une période de « nuit obscure spirituelle » devient pour nous l'occasion d'approfondir notre foi et de crier vers Dieu l'envie de nourrir une relation de confiance. « Heureux l'homme qui supporte patiemment la tentation; car, après avoir été éprouvé, il recevra la couronne de vie que le Seigneur a promise à ceux qui L'aiment. » (Jc 1, 12). Est-ce Dieu qui me tente ? Dieu ne tente pas, l'apôtre Jacques le dit clairement, mais Dieu nous éprouve.

Celui qui fait entrer en tentation, c'est le démon, on en parlera plus tard. « Dans cette pensée, vous tressaillez de joie, bien qu'il vous faille encore pour un peu de temps être affligés par diverses épreuves, afin que l'épreuve de votre foi beaucoup plus précieuse que l'or périssable que l'on ne laisse pourtant pas d'éprouver par le feu, vous soit un sujet de louange, de gloire et d'honneur lorsque se manifestera Jésus-Christ. » (1Pi 1, 6-7). Puissent notre intelligence et notre coeur se nourrir de notre foi à travers la Parole de Dieu. Dans le verset 7, lorsqu'il parle des veilles de la nuit, le roi David prophétise les souffrances multiples que le peuple de Dieu va vivre et ce que nous-mêmes pouvons vivre.

En voyant David méditer la Présence de Dieu la nuit, cela nous donne une impulsion pour faire de même, chacun en fonction de ses possibilités.

Comme nous l'avons dit, Jésus Lui-même partait prier la nuit. Il l'a fait par exemple avant de choisir les 12 apôtres : « En ce temps-là, Jésus se rendit sur la montagne pour prier, et Il passa toute la nuit à prier Dieu. » (Lc 6, 12).

Ces exemples précis nous invitent à méditer la nature de la relation entre Dieu et David, entre Dieu et Jésus. Ils nous donnent un enseignement concernant la relation que nous pouvons avoir avec Dieu :

- Cette relation existe pendant les périodes de joie, mais aussi pendant dans les périodes de souffrance.

- Cette relation ne commence pas uniquement au lever du jour pour se terminer au coucher du soleil, mais elle commence plutôt au coucher du soleil, dure toute la nuit et continue la journée, dans la continuité.

Nous ne sommes bien sûr pas obligés de prier toute la nuit, nous pouvons désirer sanctifier une nuit par mois pour le Seigneur, dans la mesure où notre santé le permet. La conscience de la Présence de Dieu à chaque instant de ma vie, dans les moments joyeux et douloureux, de jour comme de nuit, va intensifier ma fidélité, ma foi, et m'aider à continuer de Le servir et de L'aimer. La façon dont je vais me coucher va déterminer la façon dont je vais me lever. Si je me souviens de Toi, mon Dieu, au moment quotidien du coucher, alors je penserai à Toi au matin, dès l'aurore.

" Car Tu es mon secours
Et je suis dans l'allégresse à l'ombre
de Tes ailes. "

Nous avons certainement une idée des personnes qui viendraient à notre secours en cas de besoin. Sais-tu que dans la Bible, le mot *secours* ou *aide* renvoie toujours à Dieu, sauf dans la Genèse où le mot « aide » renvoie à la femme : « Dieu dit : Il n'est pas bon que l'homme soit seul; Je lui ferai une aide semblable à lui.» (Gn 2, 18). Cela nous montre à quel point la présence de la femme est voulue par Dieu. En recevant l'aide de la femme, l'homme peut s'épanouir. Dans le psaume, le mot secours renvoie particulièrement à Dieu, David remercie Dieu car Il est venu à son secours. Parfois, nous avons l'impression que Dieu ne nous aide pas. Nous pouvons nous sentir abandonnés dans nos blessures, nos faiblesses, nos épreuves, notre vieil homme. Ce sentiment d'abandon et cette envie de ne plus y croire viennent du démon. Dieu m'aide, même si je ne vois pas toujours comment. Il y là un mystère que je dois accueillir et admettre. « Tu as été une aide pour moi » dit David.

Pour rappel, dans le verset sept, David dit qu'il pense à Dieu tout le temps. Penser à Dieu continuellement permet de canaliser notre pensée. En nous inspirant de David, nous pouvons répéter une phrase courte d'un psaume que l'on aime, la répéter à longueur de journée, mentalement, en allant faire des courses, en vaquant à nos occupations. Cela permet de rentrer dans une habitude qui nous aide à être en paix. Cette habitude deviendra une seconde nature. Ces répétitions éviteront que notre mental ne soit envahi par les tracas, que notre espérance ne flanche.

Le fait de choisir un verset de la Parole de Dieu, de l'accueillir et de connecter notre vécu à ces Paroles d'espérance nous aidera à calmer nos pensées. Nous prendrons mieux conscience du pouvoir créateur de Dieu au cœur de notre vie, ici et maintenant, que je sois en ville, dans la nature, à l'hôpital, en voiture, à la maison, au travail. Il est important de convertir notre pensée, que celle-ci se tourne vers Dieu, de jour comme de nuit. Une personne se trouve là où sa pensée voyage. Étant donné que la nature a horreur du vide, laissons la Lumière divine éloigner nos zones d'ombre.

Dieu peut également mettre sur notre chemin des personnes ayant des paroles qui apaisent et fortifient, sans même que ces personnes ne connaissent la situation que nous traversons, et cela grâce à l'action bienfaisante de Dieu. Oui Seigneur, merci des multiples signes que tu envoies. Aide-moi à être attentif à Ta bienveillance quotidienne. Dieu a un Amour infini pour toi, pour moi. Chacun de nous porte cette possibilité de recevoir cet Amour, de nourrir cette envie de mieux connaître Dieu. « Mon âme a soif de Toi et ma chair Te désire », cette affirmation implique que tout mon être est appelé à vivre du Divin jusqu'au moment de la Résurrection des corps que nous vivrons en plénitude.

Dans sa 1re épître, l'apôtre Pierre dit que nous sommes devenus participant à la Divinité de Dieu.

Toute notre personne, toutes les cellules de notre corps sont appelées à participer à Sa louange. Cela va se vivre par le fait d'apprécier un bon repas, tomber amoureux, admirer un beau paysage etc. Si nous regardons la nature qui nous entoure, il existe le minéral, le végétal, l'animal et l'humain. L'homme a pris conscience de ces quatre réalités.

Chacune de ces réalités va s'exprimer en désir lié au plaisir. Le minéral, le végétal et l'animal sont des désirs naturels et se suffisent à eux-mêmes. Concernant la spécificité humaine, le désir lié au plaisir est le désir pour l'autre, le plaisir pour l'autre. Cet élan vers l'autre n'est pas naturel, il est donné par Dieu ! Dès l'origine, lorsque Dieu créé l'homme, Adam est formé d'une nature naturelle, et d'une nature spirituelle que l'on peut appeler surnaturelle. Nous comprenons donc que l'homme est appelé à être réellement homme, c'est-à-dire à l'image de Dieu, avec une **nature humaine mais également spirituelle**. À la lumière de ce que nous venons de dire, nous comprenons qu'à travers cette affirmation du roi David, « mon âme a soif de Toi et ma chair Te languit », David désire vivre une unification totale entre sa réalité humaine et spirituelle.

Je chanterai joyeusement à l'ombre de Tes ailes.

Le verset du psaume indique que David a pris conscience de la Protection que Dieu lui offre. Malgré ce que le roi David vit, il peut chanter pour Dieu parce qu'il vit à l'ombre de Ses ailes. Le lieu est important, l'ombre des ailes de Dieu nous fait penser à la marche des hébreux dans le désert, la marche des croyants dans les nuées de la Présence, de la Gloire de Dieu. Même si nous ne le ressentons pas, nous marchons à l'ombre des ailes de Dieu, comme le faisaient les hébreux. Marchons avec confiance sous son Regard aimant, sous sa Protection divine bienveillante. Dans la Bible, l'ombre de Dieu correspond à la Protection divine, regardons par exemple le Livre des Nombres 14,9. Ce livre décrit la crainte éprouvée face à ceux qui voulaient conquérir la Terre sainte. Le verset nous dit : « Mais n'allez pas contre le Seigneur, ne craignez point, vous, le peuple de ce pays, car ils sont notre pâture : leur ombre les a abandonnés (les géants vivant en Terre sainte), le Seigneur est avec nous, ne les craignez point ! ».

Rachi, commentateur exégète du Moyen Âge (1040-1105), expliquait que cette ombre se retirant peut représenter le bouclier et la vigueur des ennemis qui se retirent. Une autre explication à ce verset indique que l'ombre de Dieu s'étant retirée d'eux, ils ne sont donc plus protégés.

David prie à l'ombre des ailes de Dieu et « fait naître » Dieu en lui. Cela nous fait penser à ce qui est écrit dans l'Évangile de Luc lorsque l'ange répond à Marie : « L'Esprit Saint qui est l'Esprit de Dieu descendra sur toi, et la Puissance du Dieu très haut te couvrira de son ombre, et c'est pourquoi le saint Enfant qui naîtra de toi sera appelé Fils de Dieu. » (Lc 1, 35). En prenant ainsi conscience de la Présence de Dieu en notre être, la louange est favorisée. Nous sommes invités à chanter pour Dieu, joyeusement. Le psaume peut s'exprimer sous la forme de chant, c'est une des particularités des psaumes. David chante joyeusement pour Dieu car il ressent l'aide de Dieu. Ce chant pour Dieu est appelé à être joyeux et basé sur notre expérience de vie. Le soir, avant d'aller dormir, prenons conscience de l'aide que Dieu nous apporte, et comment cette aide a pu se manifester dans la journée. Puis chantons pour Lui, avec joie.

"Mon âme est attachée à Toi
Ta droite me soutient "

Dans le verset 9, nous pouvons lire : «Mon âme est attachée à Toi, Ta droite me soutient.». Le mot hébreu qui a été traduit pas l'expression « attachée », peut être également compris comme « collée après toi ». Oui, l'âme de David est en osmose avec Dieu. Posons-nous la question suivante : mon âme est-elle collée aux blessures et tendances qui m'entraînent vers le bas ? Ou mon âme est-elle collée à Dieu ? Les âmes de David et de Jésus ne regardent pas en arrière, ni en bas, elles sont collées à l'ombre de Dieu, elles avancent à Ses côtés. Cela ne veut pas dire que la souffrance disparaît, mais cela signifie que nous ne sommes pas seuls pour traverser les périodes difficiles : « Quand je marche dans la vallée de l'ombre de la mort, je ne crains aucun mal, car Tu es avec moi : Ta houlette et Ton bâton me rassurent. » (Ps 22-23, 4). Elisabeth de la Trinité (1880-1906), nous invite également à nous oublier, à oublier notre vieil homme, c'est-à-dire nos faiblesses, notre mauvais caractère, notre côté négatif et inconstant, et à continuer d'avancer.

Par nous-même nous ne pouvons rien faire comme le rapporte l'apôtre Jean : « Demeurez en Moi, et Je demeurerai en vous. Comme le sarment ne peut de lui-même porter du fruit, s'il ne demeure attaché au cep, ainsi vous ne le pouvez non plus, si vous ne demeurez en Moi. Je suis le cep, vous êtes les sarments. Celui qui demeure en Moi et en qui Je demeure porte beaucoup de fruit, car sans Moi vous ne pouvez rien faire.»(Jn 15, 4-5). L'âme de David est attachée à la poursuite de la Torah. La Torah, qui veut dire enseignement comme nous l'avons dit précédemment, est la Parole de Dieu elle-même.

Je t'invite à faire une expérience : propose à Dieu que ton cœur soit une terre d'asile et de repos pour Lui. Le fait d'accueillir une telle proximité entre toi et le Créateur va t'apporter la paix et le repos de l'âme. Permets ensuite à ton intelligence d'étudier et de méditer les textes sacrés, plongeant ainsi dans les eaux paisibles de la Parole de Dieu. Tu pourras ainsi essayer de comprendre le « mécanisme divin », c'est à dire comment Dieu agit dans le monde. Ton intelligence va accueillir des révélations qui vont alors éclairer ton quotidien.

Si l'on regarde les textes sacrés, la traduction Araméenne du verset « mon âme est fidèlement attachée à Toi », est la suivante : « Mon âme est attachée à la poursuite de la Torah, de ta Sagesse ». Il est évident que je ne pourrai pas avoir accès à la Nature divine directement et pleinement, car je ne suis pas Dieu. D'ailleurs, Denys l'Aréopagite, un converti de l'apôtre Paul, développera ce fait dans ce qu'on appelle la théologie négative. Cette théologie affirme pouvoir connaître Dieu « rationnellement » en cherchant ce que Dieu n'est pas.

Prenons un exemple pour expliquer cette approche de la théologie : étant donné que je ne peux pas définir Dieu précisément avec des mots, des formules ou avec mon intellect, je prends alors conscience qu'Il me dépasse totalement.

En fait, je pense que la Parole de Dieu ne se résume pas un enseignement donné car elle n'est pas uniquement reliée à notre intelligence. Je peux rechercher une Union avec ce Dieu qui me transcende ! Comment ? Pour m'attacher à Dieu, il est important d'être en communication avec Lui, par le biais de la prière notamment. Si mon âme est collée à la Torah, elle est collée à Dieu. Lorsque j'étudie la Parole de Dieu, je m'attache à Dieu, et sa Parole devient nourriture pour tout mon être.

Jésus lui-même dira que la Parole de Dieu est nourriture. De la même manière que la nourriture que je mange va être ingérée et digérée par mon corps, je vais ruminer la Parole de Dieu jusqu'à ce qu'Elle me nourrisse et que je la digère. Je te propose un autre exemple pour comprendre comment accéder à la Gloire de Dieu.

Nous ne pouvons pas fixer le soleil, n'est-ce-pas ? Il nous est également impossible d'accéder directement à la Nature divine de Dieu, à son Essence même. Moïse lui-même suppliait Dieu d'avoir la possibilité de Le voir, de voir sa Face et de comprendre ainsi l'intériorité de la Nature divine. Dieu lui a répondu que c'était impossible car nul ne peut voir la Face de Dieu et vivre. La Nature même de Dieu est de l'ordre de la foi. Je peux cependant approcher le mystère de son Existence, comme le dit l'apôtre Paul dans l'Épître aux Romains (Rom 1, 20).

Même si la dimension divine nous dépasse totalement, nous pouvons accueillir Dieu dans notre intelligence. Lorsque mon intellect cherche à s'élever dans la Présence de Dieu, il tend vers une Union divine. La Sagesse et la Volonté du Seigneur vont alors transcender tout mon être.

David est dans cette démarche, il veut s'attacher à Dieu et souhaite que son intelligence s'ouvre aux Écritures. Lorsqu'une personne étudie un passage des Écritures, si le Seigneur lui accorde une compréhension du passage, son intellect va faire corps avec l'idée énoncée dans le texte. Ceci va se réaliser au moment où la personne va se mettre réellement à étudier la Parole de Dieu, à la méditer. Oui, il y a Union divine lorsque je fais corps avec la Parole de Dieu. Je forme alors une « seule » chair avec Elle, comme attaché à Elle. L'apôtre Paul reprend cette idée d'union dans la chair en s'inspirant du livre de la Genèse : « L'homme quittera son père et sa mère et s'attachera à sa femme. Ils ne feront qu'une seule chair. » (Gn 2, 24).

Ceci est un grand mystère. Comme nous l'avons déjà dit, les paroles de Paul ont été reprises pour décrire l'union entre l'assemblée de croyants que l'on nomme Église, et le Christ. Ma chair, mon intellect et mon coeur peuvent s'unir totalement avec la Parole divine, et former ainsi une seule chair avec Elle. L'Union entre la créature et le Créateur est alors célébrée. Allons encore plus loin dans cette réflexion d'Union divine. Lorsque nous réalisons un commandement demandé par le Seigneur, Dieu vient en nous.

Ce n'est pas de l'ordre du sensible, mais notre intellect peut comprendre certaines choses que le Seigneur permet.

Nous comprenons mieux lorsque Jésus compare la Parole de Dieu à la nourriture. La Parole de Dieu s'introduit dans mon esprit, dans mon intellect, comme une nourriture qui s'introduit dans ma bouche, dans mes entrailles. Je vais accueillir les Paroles de Dieu, les mâcher, comme je peux mâcher une nourriture qui vient me rassasier.

La connaissance de la Parole de Dieu, ce que je perçois avec mon intelligence humaine et mon esprit, va tendre vers une Union. Je vais tenter d'accueillir l'Unité la plus parfaite, à l'image de Jésus qui a accepté le Projet divin sur Sa vie. Notre vie va alors se revêtir de Sagesse et de Volonté divine. La Parole divine peut germer dans toute âme de bonne volonté ! Nous comprenons ainsi cette affirmation du psalmiste :

« Ta Torah se trouve au profond de mes entrailles. » (Ps 40,9).

Conclusion

C'était une grande joie de mener ces réflexions sur le thème du désir en ta compagnie.

J'espère que la lecture de ce livre a été facile et attirante.

J'espère également que cela a enclenché en toi l'envie d'approfondir un ou plusieurs sujets évoqués dans cet ouvrage.

Cette force dynamique qu'est le désir est une réalité dont il faut chercher le sens, il est à relier avec notre propre vie et doit inciter à nous mettre en chemin, à en vivre pleinement.

Puisse Dieu te donner encore plus le désir d'apprendre à Le connaître et à L'aimer.

Remerciements

- Je remercie particulièrement
Solène Colombel,
Chargée de la Pastorale Scolaire
Dans un établissement catholique.
Son travail à mes côtés
A apporté une contribution essentielle
À la réalisation
Et à la rédaction de cet ouvrage.

- Merci à celles et ceux qui nous ont
soutenus dans ce projet.

- Je suis profondément reconnaissant
envers mes enfants.

En respectant mon espace de travail,
Ils m'apportent un réel soutien et
nourrissent mon envie d'avancer.

Je reste à ta disposition pour toute
question ou invitation

Sur le thème de ce livre ou sur un autre
thème

Avec joie

Coordonnées

delakippaalacroix@gmail.com